Special Thanks to

세상이 아무리 바쁘게 돌아가더라도
책까지 아무렇게나 빨리 만들 수는 없습니다.

길벗은 독자 여러분이
가장 쉽게, 가장 빨리 배울 수 있는 책을
한 권 한 권 정성을 다해 만들겠습니다.

독자의 1초를 아껴주는 정성을
만나보세요.

홈페이지(www.gilbut.co.kr)에서 책을 함께 만들 수 있습니다.

㈜ 도서출판 길벗
길벗이지톡
길벗스쿨

KB072484

디자인은 셀프입니다

무료 디자인 제작하기

전은재,
앤미디어
지음

길벗

디자인은 셀프입니다

무료 디자인 제작하기

Design is Free - Create Free Designs

초판 발행 · 2021년 12월 10일

지은이 · 전은재, 앤미디어
발행인 · 이종원
발행처 · (주)도서출판 길벗
출판사 등록일 · 1990년 12월 24일
주소 · 서울시 마포구 월드컵로 10길 56(서교동)
대표 전화 · 02)332-0931 | **팩스** · 02)323-0586
홈페이지 · www.gilbut.co.kr | **이메일** · gilbut@gilbut.co.kr

책임 편집 · 최동원(cdw8282@gilbut.co.kr) | **디자인** · 유어텍스트
제작 · 이준호, 손일순, 이진혁 | **영업마케팅** · 전선하, 차명환 | **영업관리** · 김명자 | **독자지원** · 송혜란, 홍혜진, 윤정아

편집진행 · 앤미디어 | **전산편집** · 앤미디어 | **CTP 출력 및 인쇄** · 교보피앤비 | **제본** · 신정제본

ISBN 979-11-6521-798-3 03000
(길벗 도서번호 007128)

정가 22,000원

독자의 1초를 아껴주는 정성 길벗출판사

길벗 IT단행본, IT교육서, 교양&실용서, 경제경영서
길벗스쿨 어린이학습, 어린이어학

페이스북 | www.facebook.com/gilbutzigy
네이버 포스트 | post.naver.com/gilbutzigy

◇ 머리말 ○

한국에는 24시간 문화가 정말 잘 되어 있습니다. 배고플 때 편의점이나 배달 대행 업체를 활용하여 음식을 먹을 수 있고 지하철이나 버스가 끊겼을 때 택시를 타고 다닐 수도 있습니다.

자기 PR의 시대인 21세기에서 뭔가 표현하고 싶은데 기술이나 전문적인 툴의 사용이 미숙해서 생각한 것을 표현하지 못하는 것만큼 안타까운 상황이 없습니다. 소상공인이나 사업을 준비하는 사람의 경우, SNS를 활용하여 판매하는 물건을 홍보하고 싶은데, 어떻게 게시물을 만들어야 사람들의 시선을 끌어야 할지 모르거나 대학생이나 직장인의 경우, 시간이 촉박한 상황에서 PPT를 만들고 준비해야 하는 상황이 많습니다. 언제 어디서든 이런 디자인이 필요한 상황에서 바로 디자인을 완성할 수 있다면 어떨까요? 한국에서는 이제 음식이나 교통뿐만 아니라 디자인도 꺼내 먹을 수 있는 시대가 왔습니다.

디자인에 대한 지식이 없어도 디자인을 도와 주는 미리캔버스와 망고보드가 여러분의 이러한 고민들을 해결해 줄 것입니다. 저작권 걱정 없는 디자인 보조 사이트로 부족한 디자인을 채워 보세요. 어떤 것을 기획했지만, 날 것의 기획을 대중에게 그대로 보여 줄 수는 없습니다. 그것을 잘 디자인하고 포장하여 보여 줄 수 있다면 대중들의 시선을 확 사로잡을 수 있습니다.

미리캔버스와 망고보드 같은 디자인 보조 사이트는 디자인에 익숙하지 않은 초보자뿐만 아니라 시간 절약의 측면에서 전문 디자이너들에게도 큰 도움이 됩니다. 현대 사회의 미덕 중 하나인 시간 절약의 측면에서 미리캔버스와 망고보드는 엄청난 무기가 될 것입니다. 디자이너 본인이 가진 능력과 사이트의 편리함을 더해 새로운 것을 표현해 보세요. 특히 미리캔버스는 전면 무료이므로 부담 없이 이용할 수 있습니다. 몰라서 손해를 볼 점은 많지만, 알아서 손해를 볼 점은 딱히 없습니다.

이 책에 있는 다양한 활용 예제와 다양한 기능을 통해 디자인에 대해 적어도 거부감이 없도록 구성했습니다. 이 책에서 다룬 내용을 토대로 여러분이 진정 표현하고 싶은 기획을 디자인과 잘 결합하여 표현했으면 합니다. 디자인은 이제 전문 디자이너의 영역으로만 보기에는 우리의 삶에 많이 침투하였습니다. 내가 원하는 것을 만들어 놓은 템플릿과 결합하여 보기 좋고 멋지게 표현할 수 있는 경험을 꼭 해 보셨으면 좋겠습니다.

유튜브 채널 아트부터 상업 디자인까지!
무료 디자인 제작하기로 바로 시작하세요.

미리캔버스, 망고보드는 유튜버, 대학생, 직장인, 교사, 소상공인 등 다양한 사용자에게 도움을 주는 '인터넷 속 디자이너'
입니다. 다양한 템플릿을 활용해 꼭 필요한 디자인 작업물을 만들어 보세요.

▲ 유튜브 썸네일 만들기, 45p

▲ 유튜브 채널 아트 만들기, 77p

▲ 움직이는 예능 자막 만들기, 92p

▲ 유튜브 영상 인트로 만들기, 112p

▲ 유튜브 영상 아웃트로 만들기, 124p

▲ 행사 포스터 만들기, 156p

▲ 명함/쿠폰 만들기, 130p

▲ 메뉴판 만들기, 152p

▲ 축제 현수막 만들기, 197p

▲ 행사 포스터 만들기, 203p

▲ 홍보 포스터 만들기, 209p

▲ 카드 뉴스 만들기, 221p

▲ 카카오맵을 활용한 가게 약도 만들기, 215p

▲ 영양성분표 만들기, 229p

▲ 체크리스트 만들기, 244p

▲ 신메뉴 포스터 만들기, 144p

▲ SNS 홍보 게시물 만들기, 140p

◀ POP 글씨 쓰기, 283p

미리 캔버스

부족한 디자인 감각을 대신할 수 있는 효율적인 방법

미리캔버스는 웹 기반의 디자인 편집 툴과 다양한 템플릿 및 디자인 요소를 무료로 제공하는 사이트입니다. 감각적이고 트렌드에 맞는 썸네일, 카드 뉴스, 채널 아트, 포스터, SNS용 게시물 등 다양한 디자인을 별도의 프로그램 설치 없이도 PC와 모바일에서 제작할 수 있습니다.

망고 보드

미리캔버스의 템플릿만으로 만족할 수 없다면

망고보드에서 제공하는 템플릿은 유료 회원이 아닐 경우 완성된 디자인에 워터마크가 표시됩니다. 하지만 무료 템플릿을 잘 활용하는 것만으로도 제법 괜찮은 디자인을 만들 수 있어요. 또한 망고보드에서는 텍스트 요소에 질감을 넣거나 인공지능으로 사진의 배경을 지우는 등 미리캔버스에 없는 다양한 기능을 이용할 수 있다는 큰 장점이 있습니다.

POP 글씨부터 이모티콘까지 무료 드로잉 툴

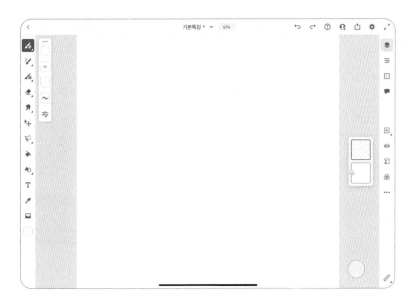

프레스코는 어도비 사에서 만든 무료 드로잉 앱으로 포토샵과 일러스트레이터의 기능이 결합되어 있습니다. 이 책에서는 프레스코 앱을 활용하여 간단한 드로잉을 하며, 작업을 위해서는 아이패드가 필요합니다.

○ 인터넷 속 디자이너! 무료 디자인 무작정 따라하기

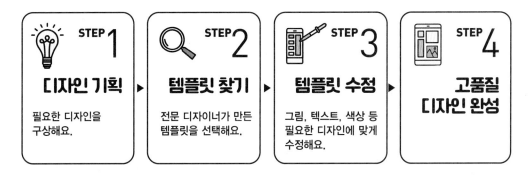

STEP 1 디자인 기획	STEP 2 템플릿 찾기	STEP 3 템플릿 수정	STEP 4 고품질 디자인 완성
필요한 디자인을 구상해요.	전문 디자이너가 만든 템플릿을 선택해요.	그림, 텍스트, 색상 등 필요한 디자인에 맞게 수정해요.	

전문 디자이너가 아니더라도, 디자인 감각이 없어도 할 수 있습니다. 전문 디자이너가 만든 템플릿을 활용해 꼭 필요한 디자인 작업물을 만들어 보세요.

이론편

미리캔버스, 망고보드,
프레스코의 특징과 기능
그리고 인터페이스를
소개합니다.

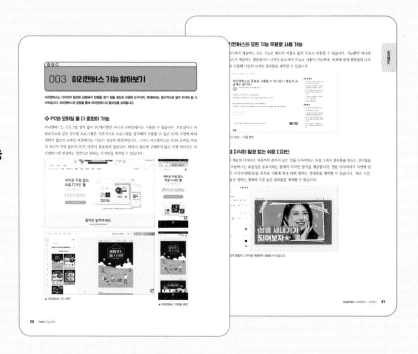

실습편

미리캔버스, 망고보드,
프레스코를 활용해
직접 다양한 디자인
작업물을 만들어 보세요.

미리캔버스, 망고보드, 프레스코를 각각 이론편과 실습편으로 구성했습니다.

스페셜 페이지

미리캔버스, 망고보드, 프레스코에서 꼭 알아 두어야 할 내용을 확인해 보세요.

이 책에 사용된 예제 파일은 길벗 홈페이지(http://www.gilbut.co.kr)에서 다운로드할 수 있습니다. 홈페이지 접속 후 검색창에 도서명을 입력하고 〈검색〉 버튼을 클릭합니다. 도서가 표시되면 [자료실] 탭을 선택합니다. 자료실 항목에서 실습 예제를 다운로드한 다음 압축을 풀어 사용합니다.

◆ 《무료디자인 제작하기》 이렇게 활용하세요

유튜브 채널 아트부터 상업 디자인까지!
다양한 디자인 작업물을 무작정 따라하기로 구성했습니다.

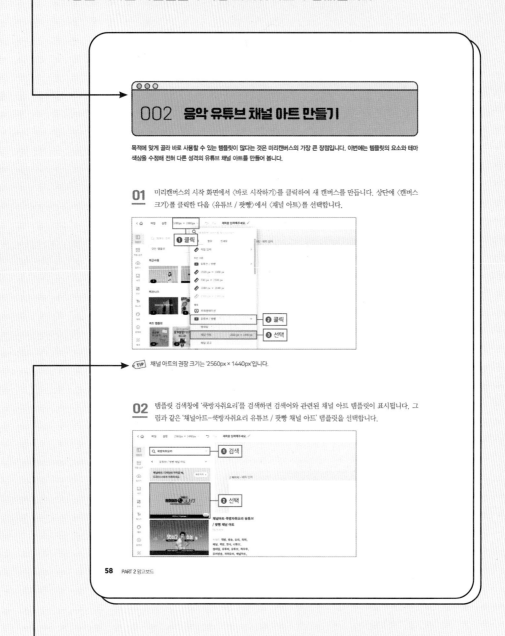

놓치고 지나치기 쉬운 내용이나 알아 두면 좋은 간단한 팁을 제공합니다.

**미리캔버스, 망고보드, 프레스코!
필요한 내용을 바로 찾아보세요.**

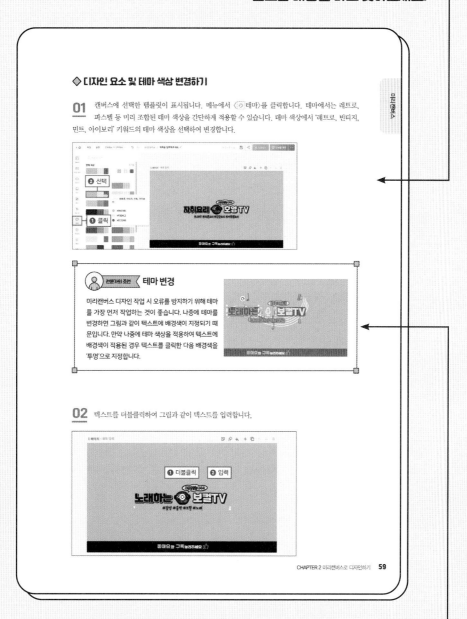

◇ **디자인 요소 및 테마 색상 변경하기**

01 캔버스에 선택한 템플릿이 표시됩니다. 메뉴에서 〈⊙테마〉를 클릭합니다. 테마에서는 레트로, 파스텔 등 미리 조합된 테마 색상을 간단하게 적용할 수 있습니다. 테마 색상에서 '레트로, 빈티지, 민트, 아이보리' 키워드의 테마 색상을 선택하여 변경합니다.

전문가의 조언 | 테마 변경

미리캔버스 디자인 작업 시 오류를 방지하기 위해 테마를 가장 먼저 작업하는 것이 좋습니다. 나중에 테마를 변경하면 그림과 같이 텍스트에 배경색이 지정되기 때문입니다. 만약 나중에 테마 색상을 적용하여 텍스트에 배경색이 적용된 경우 텍스트를 클릭한 다음 배경색을 '투명'으로 지정합니다.

02 텍스트를 더블클릭하여 그림과 같이 텍스트를 입력합니다.

감각적인 디자인을 위한 실용적인 팁과 노하우를 제공합니다.

◇ 목차 ○

PART 1 미리캔버스

CHAPTER 1

**미리캔버스
시작하기**

001	부족한 디자인 감각을 대신할 효율적인 방법	017
002	미리캔버스 미리 사용하기	019
003	미리캔버스 기능 알아보기	020
스페셜페이지	미리캔버스의 저작권	024
004	미리캔버스 회원가입하기	027
005	미리캔버스 인터페이스	030
스페셜페이지	미리캔버스의 기본 기능으로 작업 과정 미리보기	033

CHAPTER 2

**미리캔버스로
디자인하기**

001	템플릿으로 빠르게 유튜브 썸네일 만들기	045
002	음악 유튜브 채널 아트 만들기	058
003	요소를 조합하여 유튜브 공지 게시물 만들기	064
004	짧은 동영상을 위트 있는 자막으로 꾸미기	071
005	건강 유튜브 채널 아트 만들기	077
006	캘리그래피 느낌의 투명 자막 만들기	084
007	움직이는 예능 자막 만들기	092
008	텍스트 스타일로 먹방 채널 로고 만들기	101
009	유튜브 동물 영상 인트로 만들기	112
010	인물이 들어간 유튜브 영상 아웃트로 만들기	124
011	명함 템플릿으로 카페 명함 쿠폰 만들기	130
012	헬스장 SNS 홍보 게시물 만들기	140
013	카페 신메뉴 포스터 만들기	144
014	카페 창업을 위한 카페 메뉴판 만들기	152
015	이벤트 홍보를 위한 행사 포스터 만들기	156
016	고품질 이미지 무료로 사용하기	164

PART 2 망고보드

CHAPTER 1

**망고보드
시작하기**

001	망고보드의 필요성	169
002	망고보드 무료 버전 살펴보기	171
003	망고보드를 효과적으로 이용하는 방법	174
스페셜페이지 〈 **망고보드의 저작권**		176
004	망고보드 회원가입하기	179
005	망고보드 인터페이스	183
스페셜페이지 〈 **망고보드의 기본 기능으로 작업 과정 미리보기**		185

CHAPTER 2

**망고보드
무료 버전에서
디자인하기**

001	긴 그림자 텍스트의 대학 축제 현수막 만들기	197
002	계절감 있는 행사 포스터 만들기	203
003	헬스장 홍보 포스터 만들기	209
004	카카오맵으로 가게 안내 약도 만들기	215
005	차트 삽입하여 카드 뉴스 만들기	221
006	스프레드시트와 연동하여 영양성분표 만들기	229
007	정기 검진 체크리스트 만들기	244
008	워드클라우드로 고객 만족도 수치 표현하기	251
009	하이퍼링크 기능으로 판매 사이트 연결하기	260
010	무료 글꼴 사용하기	262

PART 3 어도비 프레스코

CHAPTER 1

**프레스코
시작하기**

001	어도비 프레스코 알아보기	267
스페셜페이지 〈 **어도비 프레스코 설치하기**		269
002	프레스코 인터페이스	270
003	그림 작업을 위한 도구 알아보기	273
004	디지털 드로잉의 기본, 레이어	280

CHAPTER 2

**프레스코로
드로잉
디자인하기**

001	텍스트 기능을 이용하여 POP 글씨 쓰기	283
스페셜페이지 〈 **아이패드에 원하는 글꼴 설치하기**		300
002	컵 속에 빠진 곰 이모티콘 그리기	303

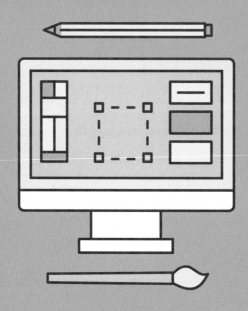

발표용으로 PPT를 만들거나 창업에 필요한 메뉴판, 포
스터, 전단지, SNS 관련 유튜브 썸네일, 채널 아트, 게시
물 등을 디자인해야 하는 경우 힘들어하는 사용자가 많
습니다. 미리캔버스는 이러한 디자인 초보자들도 쉽게
별도의 프로그램 설치 없이 웹에서 무료로 디자인 제작이
가능한 디자인 서비스입니다.

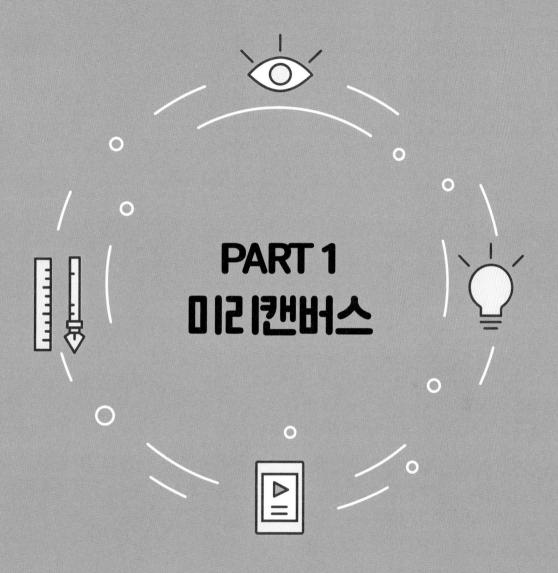

PART 1
미리캔버스

CHAPTER 1

미리캔버스 시작하기

디자인이 우리의 삶에 필요한 순간이 많습니다. 창업, PPT, 과제, 공모전, PR 등 다양한 상황에 디자인이 필요합니다. 미리캔버스는 템플릿의 기반 무료 디자인 플랫폼으로 디자인에 익숙치 않는 초보자부터 시간을 아껴야 하는 전문가까지 다양한 사람들이 이용할 수 있는 사이트입니다. 미리캔버스의 개요와 저작권 규정을 살펴보고, 미리캔버스에 회원가입하는 방법을 알아봅니다.

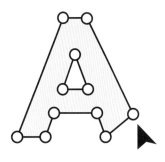

001 부족한 디자인 감각을 대신할 효율적인 방법

최소한의 시간으로 디자인 눈높이를 높여 필요한 이미지를 제작할 수 있는 방법이 바로 미리캔버스를 이용한 웹앱 기반 디자인 작업입니다. 먼저 디자인 작업 전에 알아야 할 사항을 체크해 보겠습니다.

◇ 최소 시간, 최대 효율, 디자인

디자인의 사전적 의미는 "의상, 공업 제품, 건축 따위 실용적인 목적을 가진 조형 작품의 설계나 도안"입니다. 그리고 디자인을 구성하고 조합하는 사람을 '디자이너'라고 하죠. 얼마 전까지만 해도 디자이너는 전문적인 직업의 한 부류였습니다. 패션 디자이너, 건축 디자이너, 전시 디자이너 등 디자인은 흡사 순수 미술처럼 전문적인 분야에 접목되었고 일반적인 분야와는 거리가 먼 영역이었습니다. 하지만, 유튜브, SNS 등과 같은 뉴미디어의 강세와 온라인 쇼핑몰, 1인 마켓, 스타트업 등 다양한 상업적인 변화로 인해 디자인과 디자이너의 영역이 대중화되기 시작했습니다. 이전과 비교해 상대적으로 더 많은 일반인이 디자인을 쉽게 접하게 되었다는 것입니다. 모든 사람이 디자이너가 된 셈이죠.

물론 디자인을 전공하지 않은 일반인이 시간을 들여 디자인을 공부해 업무나 취미에 사용하기란 정말 쉽지 않습니다. 이때 일반인이 선택할 수 있는 가장 효율적인 방법은 디자이너가 작업한 '템플릿'을 이용해 '나만의 디자인'으로 바꾸는 것입니다. 즉, "A TO Z", 모든 것을 처음부터 끝까지 직접 만드는 것이 아니라 전문 디자이너가 만들어 놓은 디자인을 살짝 바꿔 나의 기획이 곁들여진 디자인으로 활용하는 것이죠. 또한 제공되는 디자인 템플릿은 저작권에서도 자유로울 수 있습니다. '최소 시간, 최대 효율'이라는 측면에서 미리캔버스는 여러분에게 최고의 도구가 될 것입니다.

▲ 미리캔버스(miricanvas.com)

▲ 망고보드(mangoboard.net)

◆ 디자인을 활용하기 좋은 분야는 어디일까?

주변을 조금만 살펴봐도 정말 많은 곳에 디자인이 활용되곤 합니다. 디자인이 어떤 분야에서 활용되고 있는지 사례를 통해 살펴보겠습니다.

유튜브 크리에이터의 경우, 영상 속 자막과 효과 이미지 등 영상 편집 디자인 이외에도 영상을 한 장의 사진으로 요약해 클릭을 유도하는 썸네일, 본인의 채널을 한 장의 사진으로 소개하는 채널 아트, 영상의 앞과 뒤에 붙는 인트로/아웃트로 등 다양한 방면에서 디자인이 활용됩니다. 또한 라이브 스트리밍을 하는 유튜브 크리에이터는 본인의 라이브 시간표를 디자인해 공지글을 올리기도 합니다.

학교 과제나 혹은 업무 측면에서 프레젠테이션을 앞두거나 중요한 제안서를 제출해야 할 때도 디자인은 상대방의 시선을 끄는 중요한 요소 중 하나입니다. '보기 좋은 떡이 먹기도 좋다.'라는 속담이 있듯이 내용이 좋다는 것을 기본 전제로 디자인은 이것에 흥미를 느끼도록 하는 포장지 역할을 합니다. 디자인이 좋다면 상대방의 시선을 끄는 효과를 극대화할 수 있습니다.

온라인 쇼핑몰을 운영하는 사람에게도 디자인은 정말 큰 무기가 됩니다. 코로나19로 인해 오프라인 매장보다는 인스타그램, 네이버 스토어, 쇼핑몰 등 다양한 웹 사이트를 통해 물건을 판매하는 사람이 기하급수적으로 늘었습니다. E-커머스 형태의 매장은 이제 하나의 트렌드로 자리를 잡았고 이용자도 점점 늘어나는 추세입니다. 쇼핑몰의 로고부터 홈페이지의 색감, 판매하는 물건의 배치, 글꼴, 인터페이스 등 물건의 성능과 관계없는 요소까지도 디자인이 활용되어 이용자에게 편안함을 줄 수 있습니다.

이외에도 행사의 정보를 알려 주는 포스터, 사내 게시물 및 캠페인 게시물, 영업을 위한 팸플릿, 전시회 정보를 알려 주는 인쇄물, 출판을 위한 책 표지 및 책, 명함, 온라인 모임이나 동아리 홍보를 위한 홍보성 게시물 및 로고, 정보를 제공하기 좋은 형태인 카드 뉴스, 학교나 학원에서 학생을 가르치기 위한 수업 자료 등 무궁무진한 분야에서 디자인이 활용되고 있습니다.

▲ 디자인은 이용자의 기호를 분석하고 그것을 토대로 커뮤니케이션을 하는 방법입니다.

002 미리캔버스 미리 사용하기

미리캔버스는 서비스가 시작된 직후부터 많은 사용자가 디자인 도움을 얻고 있는 웹 앱 기반의 디자인 도구입니다. 먼저 미리캔버스에 대해 알아봅니다.

2019년 말부터 정식 서비스를 시작한 디자인 플랫폼 미리캔버스는 웹 기반의 디자인 편집 툴과 다양한 템플릿 및 디자인 요소를 무료로 제공하는 사이트입니다. 감각적이고 트렌드에 맞는 썸네일, 카드 뉴스, 채널 아트, 포스터, SNS용 게시물 등 다양한 디자인을 별도의 프로그램 설치 없이도 PC와 모바일을 통해 제작할 수 있습니다.

미리캔버스는 유튜버, 대학생, 직장인, 교사, 강사, 소상공인 등 다양한 사용자에게 도움을 주는 '인터넷 속 디자이너'라고 생각하면 됩니다. 미리캔버스에서 제공하는 디자인 템플릿은 다음과 같습니다.

▲ 프레젠테이션, 명함, 웹 포스터, 스티커, 포스터, POP, 배너 등

> **TIP** 미리캔버스의 디자인은 정기적으로 업데이트되므로 새로운 및 디자인 템플릿을 계속해서 이용할 수 있습니다.

003 미리캔버스 기능 알아보기

미리캔버스는 디자인이 필요한 상황에서 단점을 찾기 힘들 정도로 유용한 도구이며, 현대에서는 필수적으로 알아 두어야 할 사이트입니다. 미리캔버스의 장점을 통해 미리캔버스의 필요성을 살펴봅니다.

◇ PC와 모바일 둘 다 호환이 가능

미리캔버스는 프로그램 설치 없이 PC에서뿐만 아니라 모바일에서도 사용할 수 있습니다. 포토샵이나 파워포인트와 같은 설치형 프로그램은 기본적으로 프로그램을 설치해야 사용할 수 있고 PC의 사양에 따라 제한이 많으며 모바일 버전에서는 기능이 상당히 한정적입니다. 그러나 미리캔버스는 PC와 모바일 버전의 차이가 거의 없으며 PC의 사양이 중요하지 않습니다. 따라서 장소에 구애받지 않고 언제 어디서든 미리캔버스에 연결하는 것만으로 원하는 디자인을 제작할 수 있습니다.

▲ 미리캔버스 'PC 버전'

▲ 미리캔버스 '모바일 버전'

◇ 미리캔버스의 모든 기능 무료로 사용 가능

미리캔버스에서 제공하는 모든 기능은 별도의 이용료 없이 무료로 이용할 수 있습니다. 기능뿐만 아니라 미리캔버스가 제공하는 템플릿이나 디자인 요소까지 무료로 사용이 가능하며, 목적에 맞게 템플릿과 디자인 요소를 조합해 나만의 디자인 결과물을 제작할 수 있습니다.

▲ 미리캔버스 FAQ – 이용 문의

◇ 배경 지식이 필요 없는 쉬운 디자인

전통적인 개념의 디자인은 처음부터 끝까지 모든 것을 직접 그려서 결과물을 만드는 것이었습니다. 미리캔버스는 효율성을 중요시하는 현대의 디자인 방식을 제공합니다. 전문 디자이너가 사전에 만들어 놓은 디자인(템플릿)을 목적과 기획에 맞게 바꿔 원하는 결과물을 제작할 수 있습니다. '최소 시간, 최대 효율'로 원하는 형태의 수준 높은 결과물을 제작할 수 있습니다.

▲ 기획에 맞게 템플릿 디자인을 변형하여 사용할 수 있습니다.

◆ 다양한 형식의 결과물 출력 제공

디자인을 완료한 상태에서 목적에 맞게 파일 형식을 다르게 저장해야 하는 경우가 많습니다. 기본적인 이미지 형식인 '*.jpg'부터 투명한 이미지를 출력하는 경우에는 '*.png', 발표를 위한 PPT의 경우에는 '*.pptx', 동영상이 필요한 경우에는 '*.mp4', '움짤'이라고 하는 움직이는 이미지가 필요한 경우에는 '*.gif' 등 미리캔버스에서는 다양한 파일 형식을 제공합니다. 클릭 몇 번으로 최종 출력 형식을 쉽게 바꾸는 것이 가능합니다.

▲ 투명한 배경을 지원하는 'png' 형식

▲ 동영상 형태인 'mp4' 형식

▲ 인쇄에 적합한 'jpg', 'pdf' 형식

◆ 미리캔버스와 연동하여 인쇄물 주문 기능 제공

미리캔버스의 자회사 ㈜미리디는 인쇄 전문 업체인 '비즈하우스'도 운영하고 있습니다. 미리캔버스로 제작한 디자인을 오프라인에서 사용하기 위해 출력이 필요한 경우, 미리캔버스로 디자인한 현수막, 명함, 포스터 등을 인쇄물로 출력할 수 있습니다. 인쇄 출력 전문 서비스 비즈하우스로 제작 주문을 하면 한 번에 인쇄까지 가능하기 때문에 편리합니다. 물론, 미리캔버스에서는 디자인 작업만 하고 원하는 다른 업체에서 출력하는 것도 가능합니다.

▲ '인쇄물 제작' 기능으로 주문하는 것이 가능합니다.

TIP ｜ 인쇄물 제작 은 오프라인으로 결과물을 뽑아야 하는 경우 사용하는 메뉴입니다. 간단한 출력의 경우에는 가정용이나 인쇄소를 이용하는 것이 좋습니다. 대용량이나 대형 인쇄물의 경우, 비즈하우스에서 온라인으로 주문 제작하는 것이 편리합니다. 제품마다 가격이 상이하므로 해당 서비스가 필요한 경우 사이트를 참고하여 확인 후 주문합니다.

미리캔버스의 저작권

미리캔버스는 모든 기능을 무료로 제공하지만 무료 제작과 저작권은 별개의 영역입니다. 미리캔버스를 안전하게 이용하기 위한
저작권과 주의해야 할 점을 알아봅니다.

디자인 요소 저작권

미리캔버스에서 제공하는 요소는 제휴사에서 무료 배포하거나, 미리캔버스가 제휴사와 정식 계약을 맺고
제공하고 있는 것입니다. 미리캔버스에 회원가입 후 로그인을 한 상태라면 전부 무료로 사용할 수 있습니다. 단, 디자인 요소는 결합하여 제작할 때만 자유롭게 사용할 수 있고 각각의 디자인 요소를 다운로드
(캡처, 저장 포함)해 사용하는 것은 불가능합니다. 반드시 두 개 이상의 요소를 결합한 디자인을 만들어
사용하도록 합니다.

인물 사진 저작권

미리캔버스에서 제공하는 인물 사진은 디자인 요소와 마찬가지로 제휴사에서 무료 배포하거나, 미리캔버
스가 제휴사와 정식 계약을 맺고 제공하는 것입니다. 그렇지만 인물 사진은 사진별로 사용 가능한 업종이
제한되어 있습니다.

미용(다이어트, 미용 기능 식품 포함), 병·의원(성형)의 광고 홍보물에 인물 사진을 사용할 경우, 반드시
별도로 미리캔버스 고객센터에 문의해 사용 가능 여부를 확인해야 합니다.

◀ 미용 및 병·의원의 광고 홍보물의 경우 미리
캔버스 고객센터에 사용하려는 사진을 문의
해야 합니다.

외부에서 업로드한 사진 및 디자인 요소의 저작권

미리캔버스에서 제공하는 것이 아닌 외부에서 업로드한 사진 및 디자인 요소의 경우에는 반드시 사전
에 저작권에 문제가 없는 요소를 사용해야 합니다. 직접 찍은 사진을 사용하거나 'Pexels', 'Pixabay',
'Flaticon' 등과 같이 저작권 문제가 없는 사이트에서 다운로드받은 사진 및 요소를 사용해야 합니다.

◀ 저작권 문제없는 스톡 사진을 제공하는
'Pexels' 사이트. 상업적으로도 이용할 수 있
습니다.

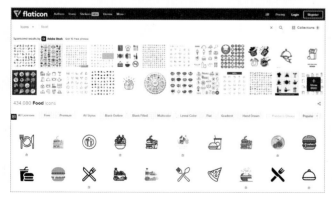

◀ 무료 아이콘 및 삽화를 제공하는 'Flaticon' 사
이트. 상업적으로도 이용할 수 있습니다.

제공하는 글꼴 저작권

미리캔버스에서 제공하는 글꼴은 저작권사에서 비상업적 용도와 상업적 용도로 사용할 수 있도록 무료 배포하거나, 미리캔버스가 저작권사와 정식 계약을 맺고 제공하는 것입니다. 그래서 유료 글꼴이지만, 미리캔버스에서만 무료로 사용 가능한 글꼴도 있어 저작권 걱정 없이 전부 사용이 가능합니다. 그렇지만 일부 글꼴은 출처를 표시해야 합니다. 출처 표기가 필요한 글꼴은 다음과 같습니다.

글꼴명	저작권사	글꼴명	저작권사
독립서체 한용운	GS칼텍스 미디어허브	남양주 고딕 EB	남양주시*
독립서체 윤동주 별헤는밤	GS칼텍스 미디어허브	남양주 고딕 L	남양주시*
독립서체 백범김구	GS칼텍스 미디어허브	이순신 돋움체 L	아산시*
다람쥐꼬리	DESyell	행복고흥L	고흥시*
안동월영교	안동시*	빛고을광주_Light	광주시*
제주한라산	제주특별자치도*	남양주 고딕 M	남양주시*
한겨레결체	한겨례*	남양주 다산 M	남양주시*
김포평화바탕	김포시*	이순신 돋움체 M	아산시*
김포평화제목	김포시*	행복고흥M	고흥시*
안동엄마카투리	안동시*	빛고을광주_Medium	광주시*
남양주 고딕 B	남양주시*	이순신 Regular	아산시*
남양주 다산 B	남양주시*	포천 오성과 한음 Regular	포천시*
이순신 돋움체 B	아산시*	강원교육모두 Light	강원도교육청*
행복고흥B	고흥시*	강원교육모두 Blod	강원도교육청*
포천 오성과 한음 Bold	포천시*	강원교육새음 Medium	강원도교육청*
이순신 Bold	아산시*	강원교육튼튼	강원도교육청*
한수원 한돋음 Bold	한국수원자력*	강원교육현옥샘 Medium	강원도교육청*
빛고을광주_Bold	광주시*		

출처 표시 방법은 저작권마다 다를 수 있으니 해당 저작권사로 문의해야 하며, 별표(*) 표시된 폰트는 '공공저작물 자유 이용 출처 표시 방법'에 따라 출처를 표기해야 합니다. 저작권은 수시로 변경될 수 있기에 상업적으로 이용 전에 홈페이지에서 직접 저작권을 확인한 후 사용합니다. 미리캔버스 홈페이지의 [헬프센터]-[FAQ]-[저작권 범위]에서 확인할 수 있습니다.

미리캔버스에서 만든 디자인의 저작권 주장 및 상표권 등록

미리캔버스로 제작한 디자인은 이미 저작권자(저작권사)가 보유한 디자인 요소로 제작한 디자인이기 때문에 저작권을 주장할 수가 없습니다. 따라서 미리캔버스에서 만든 디자인을 이용한 저작권 등록은 할 수 없으며, 로고 등과 같은 디자인 요소를 상표권 등록에 사용할 수 없습니다. 또한, 출품 조건에 저작권 귀속이 포함된 공모전에 출품하는 경우, 미리캔버스로 제작한 디자인을 출품할 수 없습니다.

004 미리캔버스 회원가입하기

미리캔버스는 기본적으로 회원가입 후 사용할 수 있는 회원제로 운영되고 있습니다. 미리캔버스를 이용하기 전에 사이트에 접속하고 회원가입하는 방법을 알아봅니다.

01 쾌적한 환경에서 미리캔버스를 이용하기 위해 '크롬 브라우저'를 통해 미리캔버스에 접속하는 것이 좋습니다. 크롬 브라우저(google.co.kr/chrome)에 접속한 다음 〈Chrome 다운로드〉를 클릭해 다운로드받아 설치합니다.

02 크롬 브라우저를 실행하고 미리캔버스(miricanvas.com)에 접속합니다. 미리캔버스에서 디자인하고 결과물을 다운로드받기 위해서는 회원가입을 해야 합니다. 〈5초 회원가입〉을 클릭합니다.

03 회원가입 대화상자가 표시됩니다. 이름, 이메일, 비밀번호를 입력한 다음 〈무료 회원가입〉을 클릭합니다.

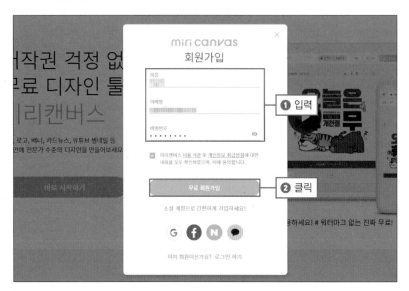

> **TIP** 만약 구글이나 페이스북, 네이버, 카카오톡 계정이 있다면 SNS와 연동해 더 빠르게 회원가입을 진행할 수도 있습니다.

04 입력한 이메일로 미리캔버스에서 인증 메일을 발송합니다.

05 이메일에 접속하여 미리캔버스에서 보낸 메일을 확인한 다음 〈이메일 인증하기〉를 클릭하면 회원 가입이 완료됩니다.

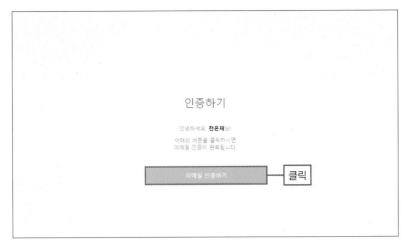

005 미리캔버스 인터페이스

미리캔버스로 원하는 디자인을 제작하기 전 미리캔버스의 전반적인 인터페이스를 알아봅니다.

◇ 미리캔버스 시작 화면

❶ **비즈하우스** : ㈜미리디에서 운영하는 인쇄 전문 업체입니다. 클릭하면 비즈하우스 홈페이지로 연결됩니다.

❷ **스마일캣** : ㈜미리디에서 운영하는 사진 인화 전문 업체입니다. 클릭하면 스마일캣 홈페이지로 연결됩니다.

❸ **기업용** : 관리자 승인, 피드백부터 브랜드 자산 관리, 디자인 데이터 활용 등 기업용 디자인 통합 솔루션 도입에 관한 내용을 확인 및 신청할 수 있습니다.

❹ **디자인아웃소싱** : 미리캔버스에 디자인 외주를 의뢰하는 방법과 과정을 확인할 수 있습니다.

❺ **템플릿** : 미리캔버스에서 무료로 제공하는 템플릿을 카테고리별로 확인할 수 있습니다. 모든 템플릿은 수정하여 사용할 수 있습니다.

❻ **교육용** : 학교 및 수업에 특화된 교육용 템플릿만 모아 둔 페이지입니다. 시간표, 안내문, 수업용 프레젠테이션 등을 프로세스와 함께 한눈에 확인할 수 있습니다.

❼ **인쇄제작** : 인쇄 및 제작용 템플릿만 모아 둔 페이지입니다. 명함, 현수막, 스티커, 배너, 간판 등 인쇄 및 굿즈 템플릿과 프로세스를 함께 한눈에 확인할 수 있습니다.

❽ **블로그** : 미리캔버스가 운영하는 블로그로 이동합니다.

❾ **헬프센터** : 미리캔버스를 이용하는 과정에서 궁금한 것을 문의하거나 자주하는 질문 등을 확인할 수 있습니다.

❿ **바로 시작하기** : 미리캔버스 작업 화면으로 이동합니다.

⓫ **워크스페이스로 이동하기** : 미리캔버스 워크스페이스로 이동합니다. 워크스페이스에서는 완성한 디자인을 저장 및 삭제하거나 다시 수정할 수 있으며, 다양한 템플릿을 확인할 수 있습니다.

◇ 미리캔버스 작업 화면

미리캔버스의 시작 화면에서 〈바로 시작하기〉를 클릭하면 작업 화면으로 이동합니다.

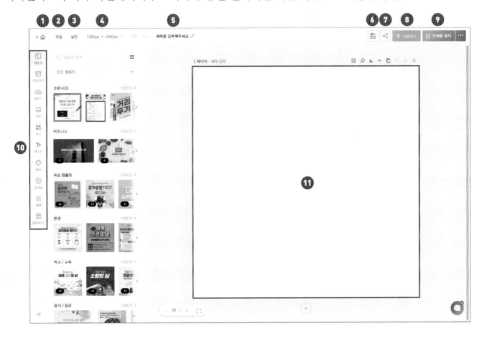

① **워크스페이스(< ⌂)** : 워크스페이스로 이동합니다.

② **파일** : 디자인에 대한 관리 및 인쇄물 제작과 슬라이드 쇼를 확인할 수 있습니다.

③ **설정** : 미리캔버스를 다크모드로 변경하거나 레이어, 눈금자, 가이드선, 자동 저장 등의 설정을 변경할 수 있습니다.

④ **캔버스 크기** : 미리캔버스로 제작할 디자인의 크기를 선택할 수 있습니다.

⑤ **제목** : 현재 작업하는 디자인 프로젝트의 제목을 입력할 수 있습니다.

⑥ **저장(🖫)** : 작업 중인 프로젝트를 저장합니다.

⑦ **웹 게시(⦵)** : 디자인을 SNS에 공유할 수 있습니다.

⑧ **다운로드** : 제작한 디자인을 다양한 형태의 파일로 다운로드할 수 있습니다.

⑨ **인쇄물 제작** : 제작한 디자인의 인쇄물 제작/출력을 의뢰할 수 있습니다. 클릭하면 비즈하우스 홈페이지로 연결됩니다.

⑩ **메뉴** : 디자인에 필요한 도구들을 모아 놓은 툴바입니다. 선택된 메뉴에 따라 다양한 형태의 옵션이 활성화됩니다.

⑪ **캔버스** : 디자인 작업 공간입니다. 디자인의 결과물은 캔버스에 표시된 것이 그대로 출력됩니다.

◇ 미리캔버스 워크스페이스의 작업 공간

미리캔버스의 시작 화면에서 〈워크스페이스로 이동하기〉나 작업 화면의 〈 ⟨ ⌂ ⟩를 클릭하면 워크스페이스의 작업 공간으로 이동합니다.

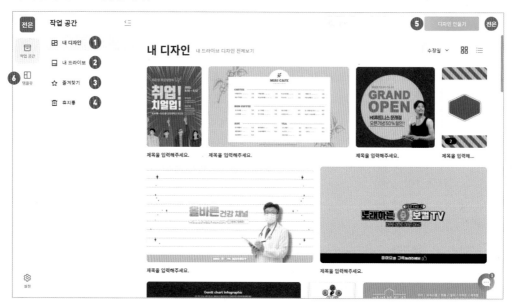

① **내 디자인** : 미리캔버스에 작업한 디자인을 저장하면 워크스페이스의 '내 디자인'에 저장됩니다. 작업한 디자인을 수정하거나 다시 출력하는 경우, 저장한 디자인을 불러와서 다시 작업할 수 있습니다.

② **내 드라이브** : 저장한 디자인뿐만 아니라 미리캔버스에 업로드한 이미지, 동영상 등을 확인할 수 있습니다.

③ **즐겨찾기** : 내 드라이브에 저장된 폴더 중 자주 사용하는 폴더를 즐겨찾기에 등록할 수 있습니다.

④ **휴지통** : 워크스페이스에서 삭제한 요소는 휴지통으로 이동됩니다. 휴지통으로 이동된 요소는 다시 '내 디자인'이나 '내 드라이브로'로 복구할 수 있지만, 30일이 지나면 영구 삭제됩니다.

⑤ **디자인 만들기** : 디자인 캔버스의 크기를 설정하고 만들 수 있습니다.

⑥ **템플릿** : 타입별 템플릿이나 디자인별로 템플릿을 확인할 수 있습니다.

미리캔버스의 기본 기능으로
작업 과정 미리보기

미리캔버스를 본격적으로 시작해 봅니다. 유튜브 썸네일 만들기 과정을 통해 미리캔버스의 주요 기능을 다뤄보도록 합니다.

· **예제 파일** : 01\제주촬영.jpg

새 캔버스 만들기

새로운 디자인 작업을 위해서는 먼저 원하는 크기로 캔버스를 만들어야 합니다. 워크스페이스의 작업 공간에서 원하는 크기의 캔버스를 만드는 방법에 대해 알아보겠습니다.

01 새 디자인을 만들기 위해 작업 공간으로 이동해 보겠습니다. 미리캔버스 시작 화면에서 〈워크스페이스로 이동하기〉를 클릭합니다.

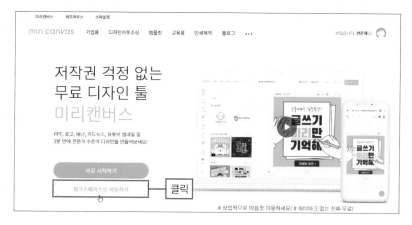

02 워크스페이스의 작업 공간이 표시되면 〈디자인 만들기〉를 클릭합니다.

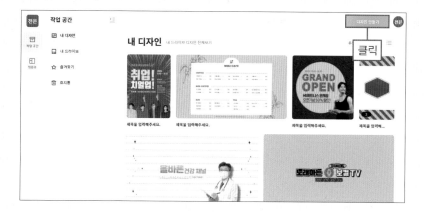

03 〈직접 입력〉을 클릭하면 캔버스의 크기를 입력할 수 있는 항목이 표시됩니다. 가로와 세로를 각각 '1280', '720'으로 입력한 다음 〈새 디자인 만들기〉를 클릭합니다.

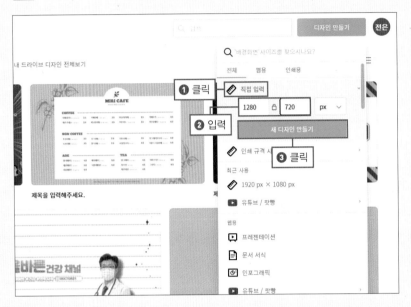

04 작업 화면에 직접 입력한 가로, 세로 크기에 맞게 캔버스가 만들어졌습니다. 상단에 제목을 입력한 다음 〈⊞ 저장〉을 클릭합니다. 작업 파일을 저장한 다음 〈⌂ 작업 공간〉을 클릭합니다.

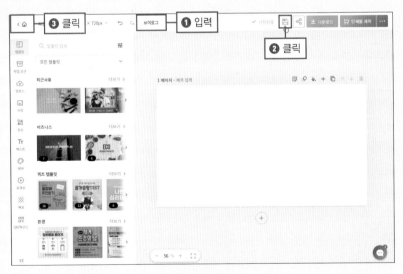

TIP 저장된 캔버스는 작업 공간에서 확인이 가능합니다.

05 작업 공간의 내 디자인에 방금 저장한 캔버스가 표시됩니다. 해당 캔버스를 클릭하면 추가로 작업을 진행할 수 있습니다.

내 PC에 저장된 사진 불러오기

미리캔버스에서 제공하는 요소만 활용할 수도 있지만 내 PC에 저장된 사진을 요소로 사용할 수 있습니다. 불러온 사진은 크기를 조절하거나 위치를 이동하여 디자인을 구성할 수 있습니다.

01 내 PC에 저장된 사진을 캔버스에 불러오기 위해 메뉴에서 〈⬆️업로드〉를 클릭한 다음 〈내 파일 업로드〉를 클릭합니다.

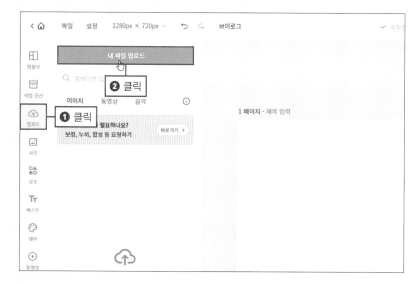

열기 대화상자가 표시되면 01 폴더에서 '제주촬영.jpg' 파일을 선택한 다음 〈열기〉를 클릭합니다.

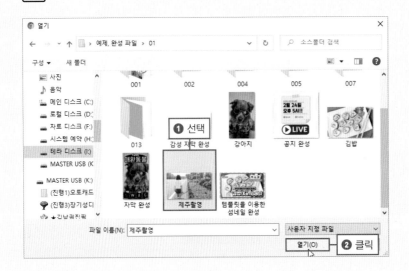

03 불러온 사진을 클릭하면 캔버스 중앙에 표시됩니다.

TIP 불러온 사진을 드래그하여 원하는 위치로 한 번에 이동할 수 있습니다.

04 캔버스로 옮겨진 사진을 원하는 크기로 확대하기 위해 모서리의 조절점을 드래그합니다.

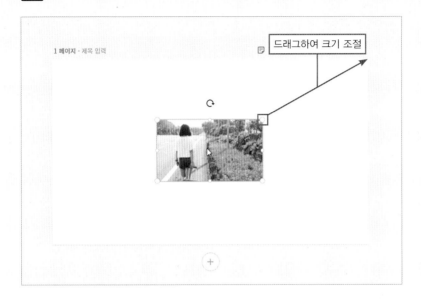

원하는 스타일로 사진 보정하기

미리캔버스로 불러온 사진은 밝기나 색 대비뿐만 아니라 원하는 스타일로 보정이 가능합니다. 다양한 보정 효과를 사진에 적용해 보겠습니다.

01 사진을 클릭하면 필터 옵션이 표시됩니다. 필터에서 원하는 효과를 클릭하면 바로 이미지에 적용됩니다.

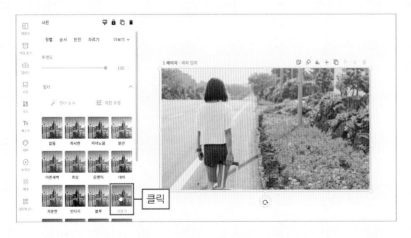

TIP '직접 조정'을 클릭하면 색상 설정을 수동으로 조절할 수 있습니다.

02 필터에서 '그라데이션 마스크'를 체크 표시하면 그림과 같이 사진 가장자리에 그러데이션을 적용할 수 있습니다. 색상 채우기, 그림자, 그라데이션 마스크, 링크 기능은 체크 표시를 통해 기능을 적용할 수 있습니다. 적용한 기능을 해제 하려면 체크 표시를 해제하면 됩니다.

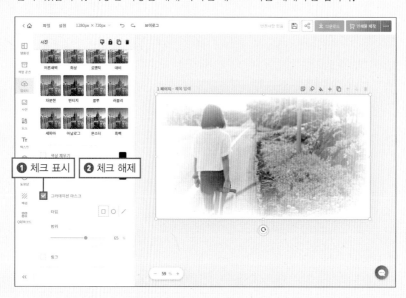

- **색상 채우기** : 지정한 색상으로 칠해집니다.
- **그림자** : 지정한 색상의 그림자가 생성됩니다.
- **그라데이션 마스크** : 가장자리가 투명해지는 마스크가 생성됩니다. 사각형, 원, 선 모양의 옵션을 제공합니다.
- **링크** : 링크를 삽입하여 슬라이드 쇼에서 클릭하면 해당 사이트로 이동할 수 있는 '하이퍼링크' 기능을 설정할 수 있습니다.

TIP <업로드>를 이용하여 불러온 요소에 그라데이션 마스크 기능을 적용하고 jpg, png, pdf 파일로 저장하면 이미지가 누락되어 사용하기 어렵습니다.

텍스트 입력과 정렬하기

미리캔버스에서 제공하는 글꼴을 활용해 원하는 텍스트를 입력할 수 있습니다. 입력한 텍스트는 크기부터 색상, 정렬을 자유롭게 변경할 수 있습니다.

01 텍스트를 입력하기 위해 메뉴에서 〈Tr 텍스트〉를 클릭합니다. 원하는 스타일 또는 글꼴을 선택하면 캔버스에 샘플 텍스트가 표시됩니다. 여기서는 '카페 24 써라운드체'를 선택했습니다.

TIP 검색창에 '카페24'를 검색하면 빠르게 글꼴을 찾을 수 있습니다.

02 그룹으로 묶인 텍스트를 분리하기 위해 캔버스에 표시된 샘플 텍스트를 선택한 다음 〈그룹 해제하기〉를 클릭합니다.

03 텍스트를 더블클릭하면 원하는 텍스트를 입력할 수 있습니다.

04 입력한 텍스트의 색상과 크기를 변경할 수도 있습니다. 텍스트가 선택된 상태에서 글자색을 클릭하면 기본 팔레트에서 원하는 색상을 선택할 수도 있고 색상의 지정 값을 입력할 수도 있습니다. 여기서는 글자 크기를 '104', 글자색을 '흰색(#FFFFFF)'으로 변경했습니다.

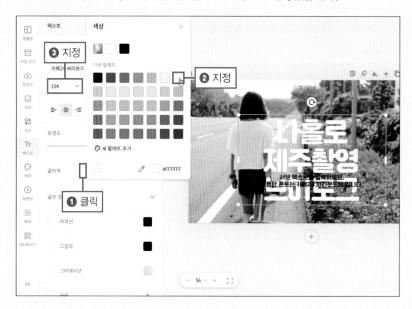

05 〈≡오른쪽 정렬〉을 클릭하면 텍스트 상자 안의 텍스트를 오른쪽으로 정렬할 수 있습니다. 정렬을 변경한 다음 텍스트 상자를 오른쪽 끝부분으로 드래그하여 배치합니다.

06 서브 텍스트를 더블클릭하여 원하는 텍스트를 입력한 다음 오른쪽 하단에 적절하게 배치합니다. 텍스트가 잘 보이도록 배경색을 '노란색(#FFCD4A)'으로 지정합니다.

> **TIP** 방향키를 눌러 텍스트의 위치를 세밀하게 조절할 수 있습니다.

원하는 디자인 요소 적용하기

메뉴에서 〈🔡요소〉를 클릭한 다음 검색창에 원하는 요소를 검색하거나 항목별로 구분된 요소 중 원하는
요소를 선택해 캔버스에 추가할 수 있습니다.

01 메뉴에서 〈🔡요소〉를 클릭한 다음 검색창에 '제주'를 입력합니다. 제주와 관련된 요소가 표시되면
'해녀' 요소를 선택합니다. 캔버스에 해녀 요소가 표시됩니다.

TIP 동일한 요소를 찾을 수 없는 경우 비슷한 요소를 사용합니다.

02 '해녀' 요소를 그림과 같이 텍스트와 겹치게 배치한 다음 마우스 오른쪽 버튼으로 클릭해 〈뒤로 보내
기〉를 선택합니다.

TIP '해녀' 요소가 텍스트 뒤쪽으로 배치되지 않을 경우에는 한 번 더 〈뒤로 보내기〉를 선택하면 됩니다.

작업한 디자인을 파일로 저장하기

작업을 완료한 디자인은 사용 목적에 따라 다양한 파일 형태로 저장할 수 있습니다. 여기서는 가장 일반적인 JPG 이미지 파일로 작업한 디자인을 저장해 봅니다.

01 완성된 디자인을 JPG 형식의 이미지 파일로 PC에 저장하기 위해 〈다운로드〉를 클릭합니다. 다운로드 대화상자가 표시되면 〈웹용〉을 선택한 다음 파일 형식을 〈JPG〉로 선택하고 〈빠른 다운로드〉를 클릭합니다.

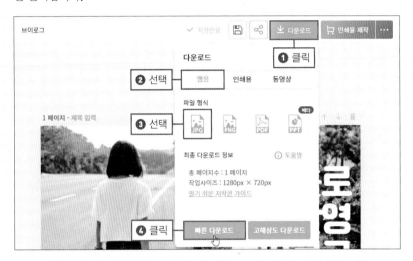

JPG, PNG, PDF 다운로드 방식의 차이
- **빠른 다운로드** : 디자인이 상대적으로 저화질이지만 빠르게 다운로드됩니다.
- **고해상도 다운로드** : 디자인이 고해상도로 다운로드됩니다.

02 작업한 디자인이 PC에 저장됩니다. 웹 브라우저 하단에서 다운로드 항목을 클릭한 다음 〈열기〉를 선택하여 완성된 파일을 확인합니다.

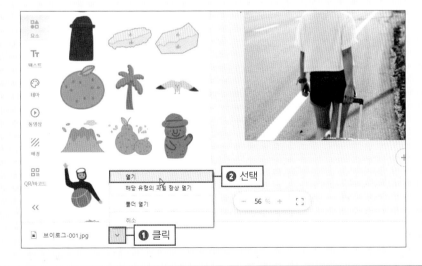

2

미리캔버스로 디자인하기

현대 사회에서 가장 중요한 것은 '시간'입니다. 모든 분야가 시시각각 변하는 사회에서 아무리 실력이나 감각이 좋아도 디자인 작업 시간이 너무 오래 소요된다면 시의성을 놓치거나 트렌드를 적절한 시기에 챙길 수 없습니다. 미리캔버스는 디자인적인 면에서 '퀄리티'와 '시간' 두 마리의 토끼를 모두 잡을 수 있는 도구입니다. 우리가 흔히 먹는 라면이나 가공 식품도 맛과 시간을 모두 잡아 주는 것처럼 미리캔버스는 디자이너의 편리한 '3분 요리'라고 보면 됩니다. 미리캔버스로 고퀄리티의 높은 품질의 디자인을 빠르게 만들어 봅니다.

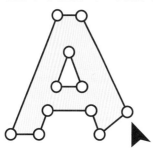

001 템플릿으로 빠르게 유튜브 썸네일 만들기

미리캔버스의 가장 큰 장점은 전문 디자이너들이 디자인한 템플릿을 이용자의 목적에 맞게 수정하여 사용할 수 있다는 것입니다. 템플릿을 수정하여 쉽고 빠르게 유튜브 썸네일을 완성해 봅니다.

· **예제 파일** : 01\김밥.jpg

◇ 사진 불러오기

01 미리캔버스의 시작 화면에서 〈바로 시작하기〉를 클릭하여 새 캔버스를 만든 다음 메뉴에서 〈⬆업로드〉를 클릭합니다.

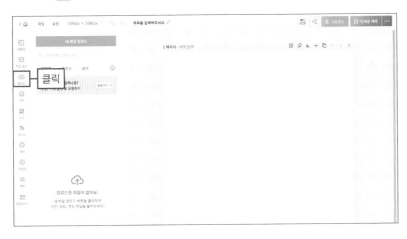

02 〈내 파일 업로드〉를 클릭합니다. 열기 대화상자가 표시되면 01 폴더에서 '김밥.jpg' 파일을 선택한 다음 〈열기〉를 클릭합니다.

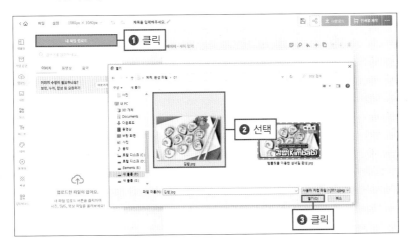

◇ 템플릿 불러오기

01 메뉴에서 〈⊞템플릿〉을 클릭합니다. 〈모든 템플릿〉을 클릭한 다음 〈유튜브 / 팟빵〉에서 〈썸네일〉을 선택합니다.

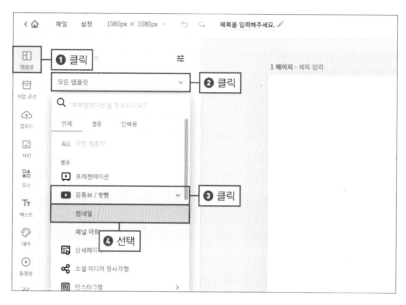

02 다양한 썸네일 템플릿 중 원하는 썸네일을 선택하면 자유롭게 수정해 사용할 수 있습니다. 여기서는 '하우투-쿡방자취요리 유튜브 / 팟빵 썸네일' 템플릿을 선택합니다.

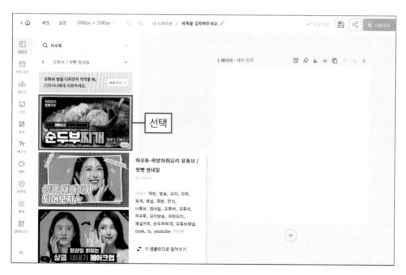

TIP 검색창에 '하우투'를 검색하면 템플릿을 쉽게 찾을 수 있습니다.

03 기본 캔버스 크기에 맞춰 선택한 템플릿이 표시됩니다. 템플릿을 캔버스 크기에 맞추기 위해 오른쪽 상단에 표시되는 디자인 불러오기 방식 선택하기 대화상자에서 〈또는, 템플릿 사이즈로 변경하기〉를 클릭합니다.

TIP 디자인 불러오기 방식 선택하기 대화상자가 표시되지 않는다면 상단의 〈캔버스 크기〉에서 〈유튜브/팟빵〉 → 〈썸네일〉을 선택해서 캔버스 크기를 조절할 수 있습니다. 캔버스 크기가 템플릿 크기와 동일하다면 아무런 변화가 없을 수 있습니다.

04 메뉴에서 〈업로드〉를 클릭한 다음 불러온 '김밥' 사진을 캔버스의 순두부찌개 배경 사진 위로 드래그하여 교체합니다.

TIP 하단에 〈화면에 맞추기〉를 클릭하면 캔버스의 크기를 화면에 맞게 조절하여 볼 수 있습니다.

'순두부찌개' 텍스트를 더블클릭한 다음 원하는 텍스트로 수정합니다. 같은 방법으로 말풍선 요소 안의 텍스트와 채널 이름을 그림과 같이 수정합니다.

텍스트 상자 크기보다 많은 텍스트를 입력해 두 줄로 입력될 경우 텍스트 상자의 타원형 조절점을 드래그하여 한 줄로 수정할 수 있습니다.

07 불필요한 텍스트를 선택한 다음 Delete 를 눌러 삭제합니다.

08 '김밥(Kimbab)' 텍스트를 선택한 다음 글자 크기를 '96'으로 변경하고 그림과 같이 적당한 위치로 드래그하여 이동합니다.

TIP Shift 를 누른 채 요소를 드래그하면 수직 및 수평 방향으로 반듯하게 이동할 수 있습니다.

09 '말풍선' 요소와 '이건 못 참지 ㅋㅋㅋ 피크닉 필수템' 텍스트를 모두 선택한 다음 드래그하여 '김밥 (Kimbab)' 텍스트 위로 이동합니다.

> **TIP** 2개 이상의 요소는 Shift 를 눌러 함께 선택할 수 있습니다.

◆ 배경 편집하기

01 캔버스의 '노란색' 배경을 선택하고 메뉴에서 〈 ▨ 배경〉을 클릭한 다음 〈배경 편집〉을 클릭합니다.

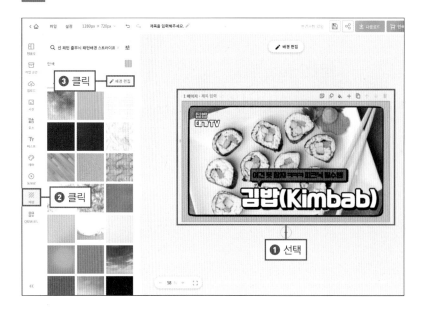

02 〈비슷한 요소 찾기〉를 클릭합니다.

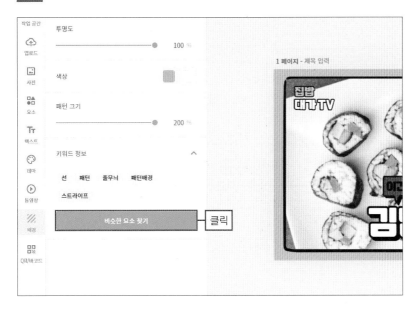

🏷 **TIP** 〈비슷한 요소 찾기〉를 클릭하면 템플릿과 함께 제공되는 키워드 정보를 통해 비슷한 요소를 쉽게 찾을 수 있습니다.

03 '선', '패턴', '줄무늬' 등의 키워드 정보와 비슷한 다양한 패턴의 배경이 표시됩니다. 여기서는 '원 땡땡이 어린이' 모양의 패턴을 선택합니다.

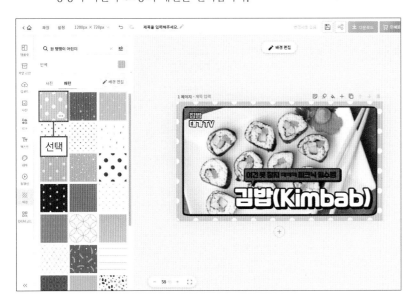

04 색상에서 '노란색' 배경을 '연한 보라색(#E0BFE6)'으로 변경합니다. 노란색 배경이 연한 보라색으로 변경됩니다.

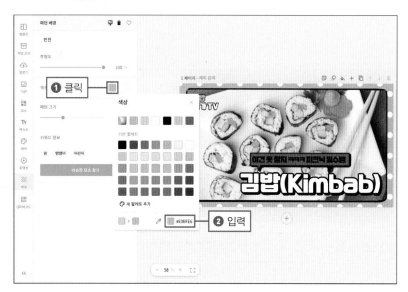

05 말풍선의 색상도 변경합니다. 말풍선을 선택한 다음 빨간색을 '연한 보라색(#E0BFE6)'으로 변경합니다.

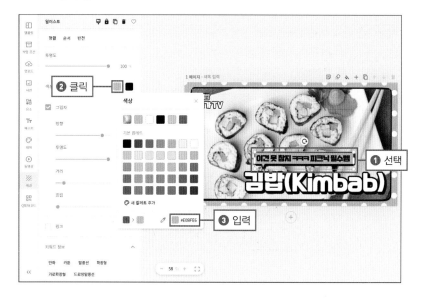

◇ 텍스트 스타일 만들기

01 메뉴에서 〈 Tr 텍스트〉를 클릭한 다음 〈스타일〉을 선택하면 다양한 스타일의 텍스트를 추가할 수 있습니다. 여기서는 '귀여운 공지용 팻말 일러스트' 스타일의 텍스트를 선택합니다.

02 텍스트 스타일도 수정할 수 있습니다. 원하는 요소만 선택하기 위해 상단에 〈 + 새 페이지 추가〉를 클릭하여 새로운 페이지를 한 개 추가합니다.

03 추가한 텍스트 스타일을 2페이지로 드래그하여 이동한 다음 〈그룹 해제하기〉를 클릭하여 텍스트 스타일의 그룹을 해제합니다.

TIP 드래그하여 새로운 페이지로 요소를 이동하는 것이 가능합니다.

04 그룹을 해제한 다음 텍스트 스타일의 이미지를 선택하고 Delete 를 눌러 삭제합니다.

TIP 여러 가지의 요소들이 모여 있는 캔버스 안에서 특정 요소를 편집하는 것이 번거롭기 때문에 새로운 페이지를 만들어서 작업하는 것이 효율적입니다. 작업을 완료한 후에는 빈 페이지는 삭제해도 상관없습니다.

05 텍스트 스타일의 텍스트와 색상도 그림과 같이 수정합니다. 여기서는 '요리 레시피' 텍스트의 글자
색을 '연한 분홍색(#FECCBE)'으로 변경합니다.

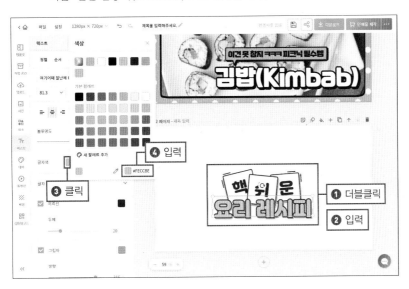

06 수정한 2페이지의 요소들을 모두 선택한 다음 〈그룹으로 만들기〉를 클릭하면 다시 하나의 그룹으
로 지정됩니다.

TIP 알아 두면 작업 효율이 늘어나는 단축키
- 전체 선택 : Ctrl + A
- 그룹 지정 : Ctrl + G

07 그룹으로 지정된 2페이지의 텍스트 스타일을 1페이지로 드래그하여 그림과 같이 크기와 위치를 조절합니다.

TIP 요소들을 그룹으로 지정하면 하나의 개체로 묶여 크기 또는 위치를 변경할 때 편리합니다.

08 불필요한 2페이지는 〈🗑페이지 삭제〉를 클릭하여 삭제합니다.

 **전문가의 조언** **디자인 불러오기 방식 선택하기**

템플릿을 선택할 때 템플릿의 크기와 캔버스의 크기가 동일하지 않으면 '디자인 불러오기 방식 선택하기' 대화상자가 표시됩니다. 각 옵션에 대해 알아봅니다.

- 채우기 : 캔버스의 크기는 유지된 상태로 템플릿이 비율을 유지하며 캔버스의 크기를 넘어서 꽉 차게 크기가 변경됩니다.
- 맞추기 : 캔버스의 크기는 유지된 상태로 디자인이 잘리지 않게 템플릿의 크기가 변경됩니다.
- 원본 크기 : 캔버스의 크기는 유지된 상태로 템플릿의 원래 크기대로 변경됩니다.
- 템플릿 사이즈로 변경하기 : 캔버스의 크기가 템플릿의 크기에 맞게 변경됩니다.

▲ 채우기

▲ 맞추기

▲ 원본 크기

▲ 템플릿 사이즈로 변경하기

002 음악 유튜브 채널 아트 만들기

목적에 맞게 골라 바로 사용할 수 있는 템플릿이 많다는 것은 미리캔버스의 가장 큰 장점입니다. 이번에는 템플릿의 요소와 테마 색상을 수정해 전혀 다른 성격의 유튜브 채널 아트를 만들어 봅니다.

01 미리캔버스의 시작 화면에서 〈바로 시작하기〉를 클릭하여 새 캔버스를 만듭니다. 상단에 〈캔버스 크기〉를 클릭한 다음 〈유튜브 / 팟빵〉에서 〈채널 아트〉를 선택합니다.

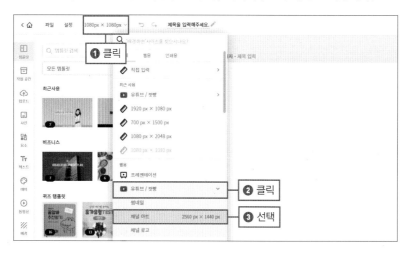

> **TIP** 채널 아트의 권장 크기는 '2560px × 1440px'입니다.

02 템플릿 검색창에 '쿡방자취요리'를 검색하면 검색어와 관련된 채널 아트 템플릿이 표시됩니다. 그림과 같은 '채널아트–쿡방자취요리 유튜브 / 팟빵 채널 아트' 템플릿을 선택합니다.

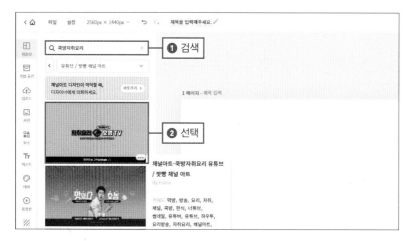

◇ 디자인 요소 및 테마 색상 변경하기

01 캔버스에 선택한 템플릿이 표시됩니다. 메뉴에서 〈⊙테마〉를 클릭합니다. 테마에서는 레트로, 파스텔 등 미리 조합된 테마 색상을 간단하게 적용할 수 있습니다. 테마 색상에서 '레트로, 빈티지, 민트, 아이보리' 키워드의 테마 색상을 선택하여 변경합니다.

전문가의 조언 **테마 변경**

미리캔버스 디자인 작업 시 오류를 방지하기 위해 테마를 가장 먼저 작업하는 것이 좋습니다. 나중에 테마를 변경하면 그림과 같이 텍스트에 배경색이 지정되기 때문입니다. 만약 나중에 테마 색상을 적용하여 텍스트에 배경색이 적용된 경우 텍스트를 클릭한 다음 배경색을 '투명'으로 지정합니다.

02 텍스트를 더블클릭하여 그림과 같이 텍스트를 입력합니다.

03 말풍선 요소의 텍스트도 더블클릭하여 그림과 같이 텍스트를 입력합니다.

TIP 음표와 같은 특수 문자는 'ㅁ'을 입력하고 [한자]를 누르면 사용할 수 있습니다. 특수 문자표가 표시된 상태에서 [Tab]을 누르면 원하는 특수 문자를 쉽게 선택할 수 있습니다.

04 보컬TV라는 콘셉트에 맞게 템플릿의 냄비 요소는 마이크 요소로 수정합니다. 캔버스 가운데에 '냄비' 요소를 선택한 다음 [Delete]를 눌러 삭제합니다.

05 메뉴에서 〈요소〉를 클릭한 다음 검색창에 '마이크'를 검색합니다. 그림과 같은 '마이크' 요소를 선택하면 캔버스에 해당 요소가 표시됩니다.

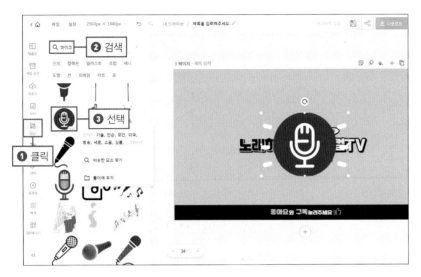

06 삽입된 요소를 적당한 크기로 조절한 다음 파란색 배경을 '진한 주황색(#FC5230)'으로 변경합니다.

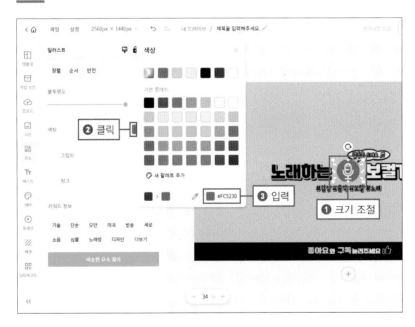

> **TIP** Alt 나 Ctrl 을 누른 상태에서 조절점을 드래그하면 요소의 중심을 기준으로 크기를 조절할 수 있습니다.

07 채널 아트를 더 밀도 있게 디자인하기 위해 음표 모양의 요소를 추가하겠습니다. 메뉴에서 〈 ▦ 요소〉를 클릭한 다음 검색창에 '음표'를 검색합니다. 그림과 같은 요소를 캔버스에 추가하고 적당한 크기로 조절합니다.

08 추가한 요소가 텍스트 앞에 있어 가독성이 떨어집니다. '음악' 요소를 선택하고 마우스 오른쪽 버튼을 클릭한 다음 〈맨 뒤로 보내기〉를 선택하면 텍스트 뒤로 배치할 수 있습니다.

09 가독성을 더 높이기 위해 음악 요소의 색상도 변경하겠습니다. '음악' 요소를 선택한 다음 회색 오 선지를 '흰색(#FFFFFF)'으로 변경합니다.

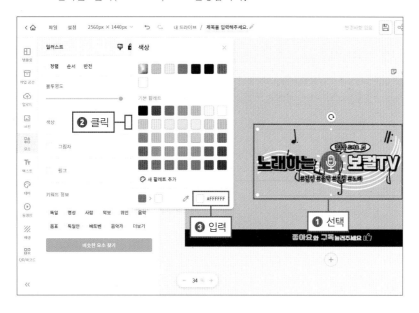

10 마찬가지로 이번에는 음악 요소의 음표 색상도 변경합니다. 검은색 음표를 '진한 초록색 (#12887A)'으로 변경합니다.

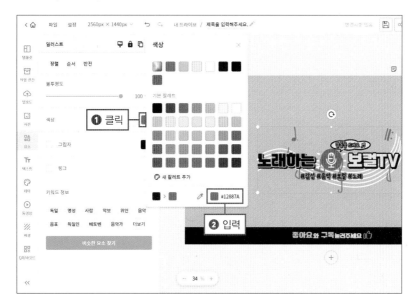

TIP 미리캔버스에서 제공하는 요소는 각각 색상을 다르게 지정할 수 있습니다.

003 요소를 조합하여 유튜브 공지 게시물 만들기

미리캔버스는 저작권에서 자유로운 여러 가지 디자인 요소를 제공합니다. 그리고 이런 요소를 조합하면 SNS나 유튜브 커뮤니티에 공유할 게시물을 만들 수 있습니다. 이번에는 유튜브 방송 공지 게시물을 만들어 봅니다.

01 미리캔버스의 시작 화면에서 〈바로 시작하기〉를 클릭하여 새 캔버스를 만듭니다. 상단에 〈캔버스 크기〉를 클릭한 다음 〈직접 입력〉을 클릭합니다. 가로에 '1080', 세로에 '1080'을 입력한 다음 〈적용하기〉를 클릭합니다.

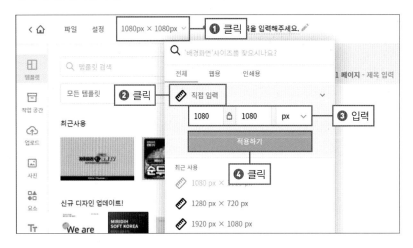

02 템플릿 검색창에 '경력 메모장'을 검색하여 그림과 같은 '메모장 컨셉의 경력기술서 작성요령 유튜브 썸네일' 템플릿을 선택합니다.

03 캔버스를 1080px×1080px 크기의 정방형으로 작업하기 위해 디자인 불러오기 방식 선택하기 대화상자에서 〈맞추기〉를 선택합니다.

TIP 상단에 <캔버스 크기>를 클릭하고 <직접 입력>을 클릭한 다음 가로에 '1080', 세로에 '1080'을 입력하여 크기를 직접 설정할 수도 있습니다.

04 배경을 선택하면 배경 사진 오른쪽 하단에 자물쇠 아이콘이 표시된 것을 확인할 수 있습니다. 해당 템플릿의 배경이 잠겨 있어 수정하려면 잠금을 해제해야 합니다. 〈🔒자물쇠〉를 클릭하여 잠금을 해제합니다.

05 여기서는 필요 없는 요소는 삭제하고 메모장 요소만 사용하겠습니다. Shift를 누른 상태로 배경 사진 및 '전구' 요소와 함께 배치된 텍스트를 모두 선택한 다음 Delete를 눌러 삭제합니다.

06 '메모장' 요소와 텍스트를 드래그하여 선택합니다.

TIP Ctrl + A를 눌러 모든 요소를 한 번에 선택할 수 있습니다.

07 선택된 요소를 캔버스 가운데로 드래그하여 배치합니다.

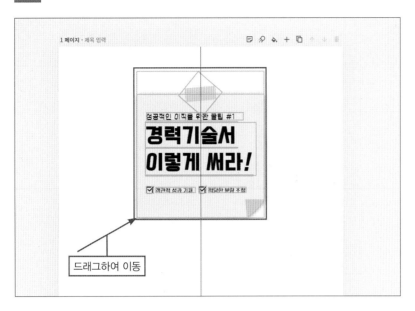

드래그하여 이동

전문가의 조언 **스냅 가이드**

보라색 선은 '스냅 가이드'입니다. 캔버스에 요소를 배치할 때 주로 사용하며 스냅 가이드를 기준으로 균형 있게 요소를 배치할 수 있습니다. <설정>을 클릭한 다음 <에디터 환경>에서 <스냅 가이드>를 활성화하여 사용 가능합니다.

08 Alt 나 Ctrl 을 누른 상태에서 조절점을 드래그하여 적당한 크기로 확대합니다.

TIP Alt 나 Ctrl 을 누른 상태에서 크기를 조절하면 해당 요소의 가운데를 기준으로 확대/축소할 수 있습니다.

09 그림과 같이 메모장 요소 위의 텍스트를 입력합니다. 텍스트 수정으로 주변 요소의 배치가 달라졌다면 글자 크기를 조절하거나 위치를 조절합니다.

◇ 디자인 밀도 채우기

01 캔버스 가장자리에 테두리를 넣기 위해 메뉴에서 〈☷ 요소〉를 클릭하여 검색창에 '테두리'를 검색한 다음 그림과 같은 '두 줄 테두리' 요소를 선택합니다.

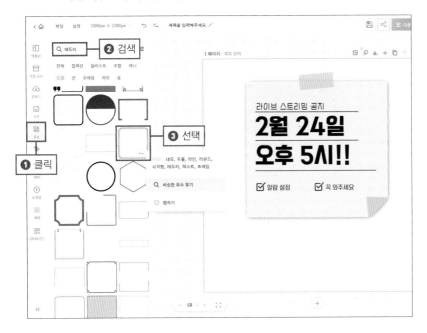

02 캔버스에 삽입된 테두리 요소의 색상을 '연한 노란색(#FFF492)'으로 변경한 다음 캔버스 크기에 맞춰 크기를 조절하고 배치합니다.

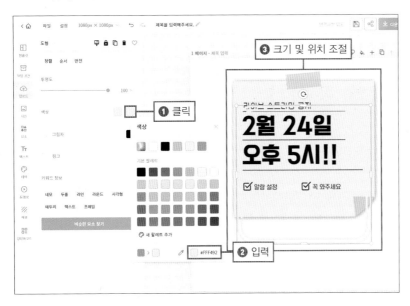

> **TIP** 〈🖉 스포이트〉를 클릭하고 원하는 부분을 클릭하면 해당 부분의 색상을 추출하여 사용할 수 있습니다.

03 메뉴에서 〈요소〉를 클릭하고 검색창에 '라이브'를 검색한 다음 그림과 같은 '라이브' 요소를 선택합니다.

> **TIP** 그림과 같은 요소가 표시되지 않는다면 카테고리 항목에서 <전체>를 선택합니다.

04 스냅 가이드를 활용해 메모장 요소 아래로 라이브 요소를 균형감 있게 배치합니다.

> **TIP** 테두리 요소 때문에 라이브 요소를 선택하기 어렵다면 테두리 요소를 선택하고 마우스 오른쪽 버튼으로 클릭한 다음 <잠금>을 선택하면 테두리 요소가 선택되지 않도록 할 수 있습니다.

004 짧은 동영상을 위트 있는 자막으로 꾸미기

미리캔버스는 동영상 편집 툴은 아니지만 동영상을 업로드하면 자막이나 디자인 요소를 추가해 동영상 파일로 다운로드할 수 있습니다. 이번에는 미리캔버스를 이용해 짧은 영상에 위트 있는 자막을 넣어 보겠습니다. 틱톡이나 인스타그램 릴스 영상으로 업로드하기 좋습니다.

• **예제 파일** : 01\강아지.mp4

01 새 캔버스를 만들고 메뉴에서 〈⬆ 업로드〉를 클릭합니다.

TIP 새 캔버스를 만드는 방법은 33쪽 - 35쪽을 참고합니다.

02 〈내 파일 업로드〉를 클릭합니다. 열기 대화상자가 표시되면 01 폴더에서 '강아지.mp4' 파일을 선택한 다음 〈열기〉를 클릭합니다.

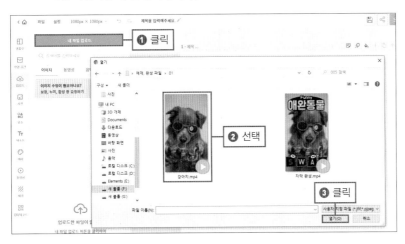

TIP 미리캔버스에서는 mp4 형식, 50MB 미만의 동영상만 업로드할 수 있습니다.

◆ 캔버스에 동영상 넣기

01 상단에 〈캔버스 크기〉를 클릭한 다음 〈직접 입력〉을 클릭합니다. 가로에 '1080', 세로에 '1920'을 입력한 다음 〈적용하기〉를 클릭합니다.

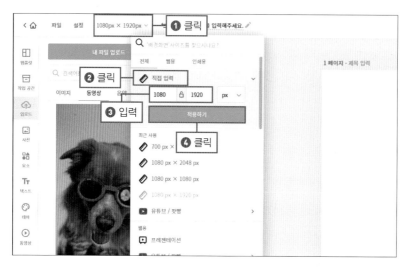

02 강아지 영상을 선택하면 캔버스에 표시됩니다.

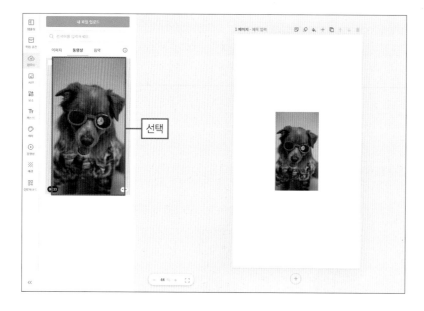

03 캔버스에 표시된 영상을 선택한 다음 조절점을 드래그하여 캔버스에 맞춰 확대합니다.

드래그하여 크기 조절

◈ 동영상에 텍스트 스타일 적용하기

01 동영상에 자막을 넣기 위해 메뉴에서 〈 Tr 텍스트〉를 클릭한 다음 〈스타일〉을 선택하면 다양한 스타일의 텍스트를 삽입할 수 있습니다. 그림과 같은 '예능자막' 텍스트를 선택합니다.

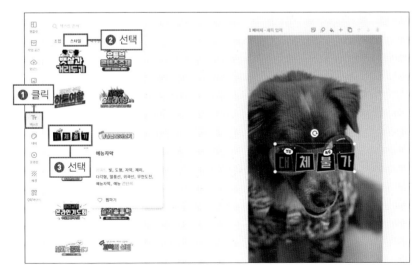

02 캔버스에 삽입된 텍스트 스타일의 크기와 위치를 적절하게 조절합니다. '대', '체', '불', '가' 텍스트를 더블클릭하여 그림과 같이 입력합니다.

① 크기 및 위치 조절
② 더블클릭
③ 입력

03 Esc 를 눌러 선택을 해제한 다음 '입체적으로 강조한 제목용 노란 그라데이션' 스타일의 텍스트를 선택합니다.

① Esc
② 선택

04 삽입된 텍스트 스타일을 그림과 같이 수정하고 적절한 위치에 배치합니다.

05 '코로나19로 인하여 외부인은 출입을 금지합니다.' 텍스트를 삭제하기 위해 텍스트 스타일을 선택한 다음 〈그룹 해제하기〉를 클릭합니다.

TIP 해당 요소를 마우스 오른쪽 버튼으로 클릭해 〈그룹 해제하기〉를 선택해도 됩니다.

06 '코로나19로 인하여 외부인은 출입을 금지합니다.' 텍스트를 선택하고 Delete 를 눌러 삭제합니다.

07 캔버스에 삽입한 동영상을 클릭한 다음 가운데로 마우스 커서를 이동하면 재생이 표시됩니다. 〈재생〉을 클릭하면 자막 느낌의 텍스트 스타일이 삽입된 동영상을 재생할 수 있습니다.

005 건강 유튜브 채널 아트 만들기

이전의 채널 아트 예제에서는 그래픽으로만 이뤄진 채널 아트를 만들어 봤습니다. 이번에는 인물 사진을 업로드하여 채널의 정체성을 강조하는 채널 아트를 만들어 봅니다.

• **예제 파일** : 01\의사.png

01 새 캔버스를 만들고 캔버스 크기를 채널 아트 크기에 맞게 설정하겠습니다. 상단에 〈캔버스 크기〉를 클릭한 다음 〈유튜브 / 팟빵〉에서 〈채널 아트〉를 선택합니다.

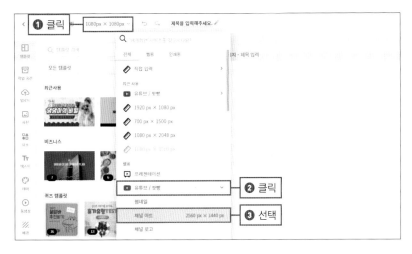

> **TIP** 채널 아트의 권장 크기는 '2560px×1440px'입니다.

02 메뉴에서 〈⊞ 템플릿〉을 클릭하고 검색창에 '쇼핑하울'을 검색한 다음 그림과 같은 '채널아트–쇼핑하울 TV 유튜브 / 팟빵 채널 아트' 템플릿을 선택합니다.

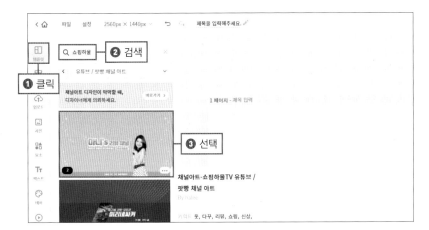

03 해당 템플릿은 두 가지의 템플릿을 제공합니다. 그림과 같은 템플릿을 선택하여 삽입합니다.

04 템플릿의 배경을 흰색으로 수정할 것이므로 현재 템플릿의 흰색 요소를 눈에 잘 띄게 수정하겠습니다. Shift를 누른 상태에서 '별' 요소를 모두 선택합니다.

05 색상에서 흰색을 '검은색(#000000)'으로 변경합니다. 별 요소가 검은색으로 변경됩니다.

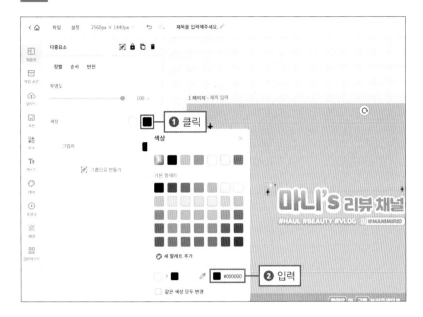

◇ 배경 편집하기

01 템플릿의 배경을 더 전문적인 느낌으로 변경합니다. 캔버스에서 배경을 선택한 다음 메뉴에서 〈 █ 배경〉을 클릭하고 〈배경 편집〉을 클릭합니다.

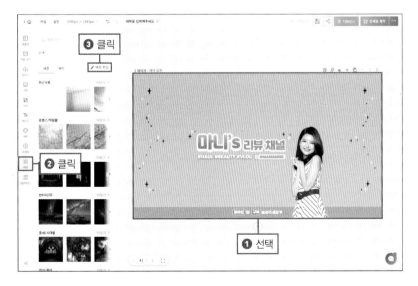

02 〈비슷한 요소 찾기〉를 클릭합니다.

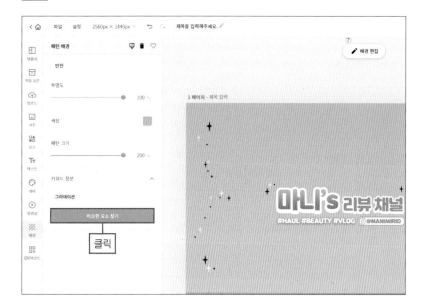

03 선택한 템플릿의 배경과 비슷한 패턴의 배경이 표시됩니다. 여기서는 '선, 직선' 키워드의 배경을
선택합니다.

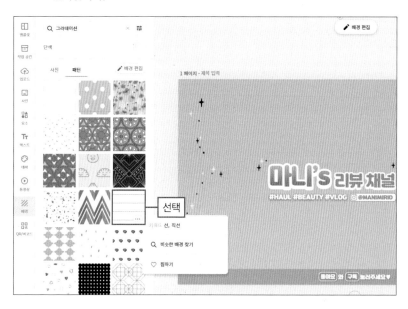

04 템플릿의 배경이 변경되면 패턴 크기를 '108%'로 설정합니다.

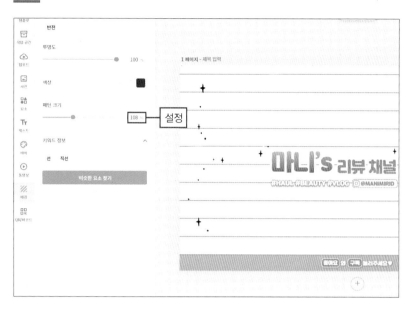

◆ 요소 및 디자인 변경하기

01 템플릿의 텍스트를 더블클릭한 다음 그림과 같이 입력합니다.

02 메뉴에서 〈⬆업로드〉를 클릭한 다음 〈내 파일 업로드〉를 클릭합니다. 열기 대화상자가 표시되면 01 폴더에서 '의사.png' 파일을 선택한 다음 〈열기〉를 클릭합니다.

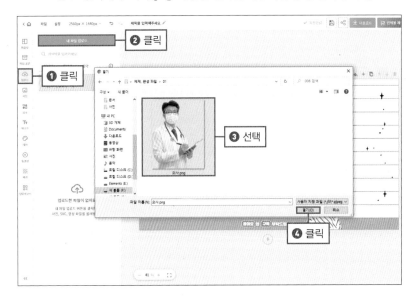

03 의사 사진을 캔버스의 여성 모델 사진 위로 드래그하면 이미지가 교체됩니다.

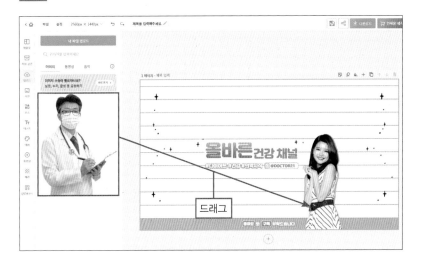

04 교체된 사진이 반대 방향을 바라보고 있어 어색합니다. 메뉴에서 〈⟨⑨업로드〉를 클릭하고 〈반전〉을 선택한 다음 〈좌우 반전〉을 선택하면 이미지가 반전됩니다.

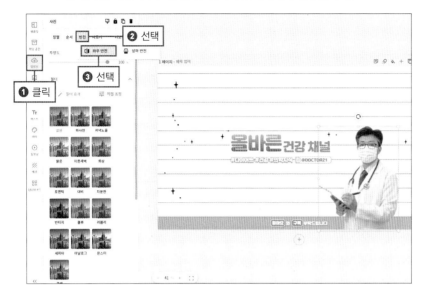

05 '그림자'를 체크 표시하면 사진에 그림자가 적용됩니다. 기호에 따라 그림자를 추가하거나 옵션을 변경하여 감각적인 디자인을 만들 수 있습니다.

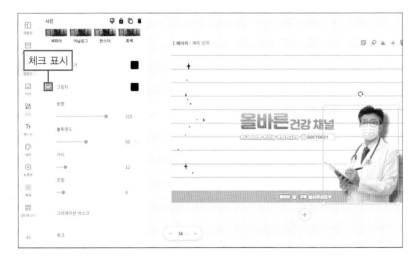

006 캘리그래피 느낌의 투명 자막 만들기

TV 예능에서 진지한 장면을 연출할 때 캘리그래피 느낌의 감성적인 자막이 나오는 것을 볼 수 있습니다. 미리캔버스에서도 이런 감성적인 자막을 만들 수 있습니다. 배경을 투명하게 처리해 영상용 자막뿐만 아니라 상황에 따라 다양한 이미지에도 활용할 수 있습니다.

01 새 캔버스를 만들고 캔버스의 크기를 가로 영상 크기에 맞게 변경합니다. 상단에 〈캔버스 크기〉를 클릭한 다음 〈직업 입력〉을 클릭합니다. 가로에 '1920', 세로에 '1080'을 입력한 다음 〈적용하기〉를 클릭합니다.

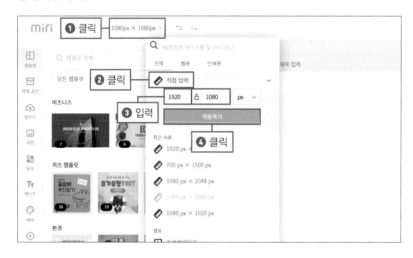

02 감성적인 요소를 넣기 위해 메뉴에서 〈요소〉를 클릭합니다. 검색창에 '꽃'을 검색한 다음 그림과 같은 '벚꽃' 요소를 선택합니다.

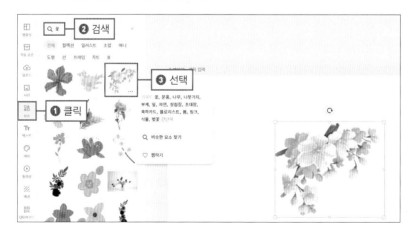

03 캔버스의 '벚꽃' 요소를 선택하고 〈비슷한 요소 찾기〉를 클릭합니다.

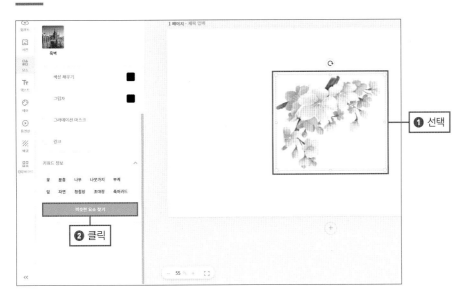

TIP 〈비슷한 요소 찾기〉를 클릭하면 선택된 요소와 비슷한 디자인을 찾아 적용할 수 있습니다.

04 그림과 같이 '녹색 잎이 있는 벚꽃' 요소를 선택해 캔버스에 삽입합니다.

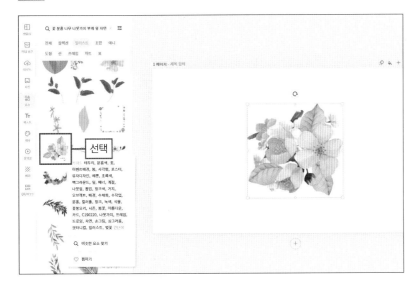

05 캔버스의 벚꽃 요소를 각각 선택해 그림과 같이 적당한 위치에 배치합니다.

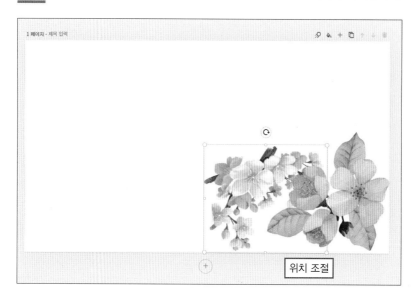

06 텍스트가 좀 더 잘 보일 수 있도록 두 개의 '벚꽃' 요소를 모두 선택한 다음 투명도를 '50%'로 설정합니다.

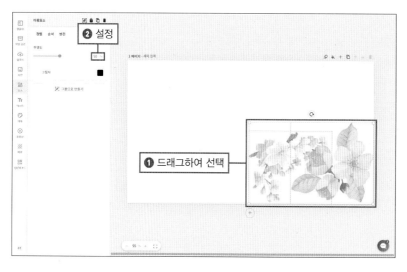

TIP 벚꽃 요소를 모두 선택하고 마우스 오른쪽 버튼을 클릭한 다음 <그룹>을 선택하면 두 개의 요소를 하나로 관리할 수 있습니다. 그룹 지정 단축키는 Ctrl + G 입니다.

◇ 캘리그래피 느낌의 텍스트 넣기

01 메뉴에서 〈Tr 텍스트〉를 클릭한 다음 텍스트 추가에서 '제목 텍스트'를 선택합니다. 캔버스에 텍스트를 입력할 수 있는 샘플 텍스트가 표시됩니다.

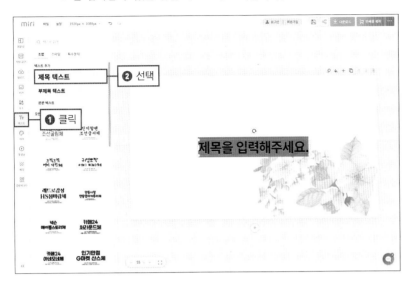

02 블록으로 지정된 텍스트에 그림과 같이 텍스트를 입력합니다.

03 글꼴 검색창에 '어비 다빈체'를 검색하여 글꼴을 변경합니다.

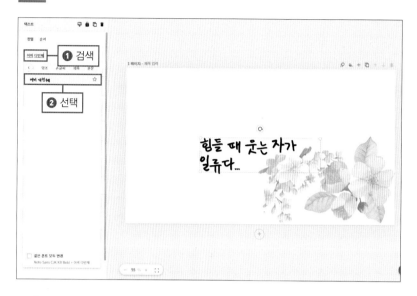

🏷 **TIP** 글꼴을 고딕체, 캘리그래피 등 종류별로 선택하여 적용할 수 있습니다.

04 〈∨펼침〉을 클릭하여 글꼴 목록을 접은 다음 글자 크기를 '120', 글자색을 '흰색(#FFFFFF)'으로 변경합니다.

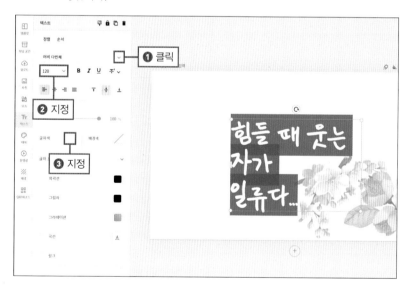

05 '외곽선'을 체크 표시하여 활성화한 다음 색상을 '연한 주황색(#FD8A69)'으로 변경합니다.

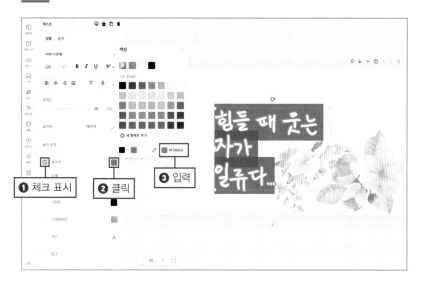

06 〈三 가운데 정렬〉을 클릭하여 텍스트를 가운데 정렬합니다.

07 텍스트 상자의 타원형 조절점을 드래그하여 입력한 텍스트를 두 줄로 정리합니다.

08 텍스트를 드래그하여 벚꽃 요소 위로 이동합니다.

09 텍스트와 벚꽃 요소를 모두 선택한 다음 그림과 같이 보기 좋게 조절합니다.

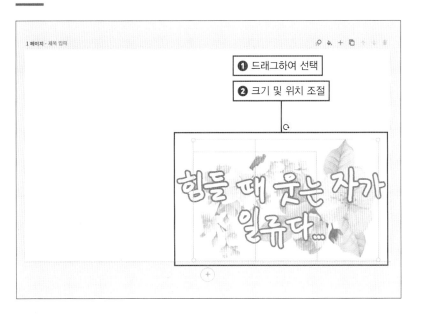

TIP 캔버스에 표시되는 스냅 가이드를 활용하여 균형감 있게 배치하면 좋은 결과물을 만들 수 있습니다.

전문가의 조언 **투명 배경으로 파일 저장하기**

투명한 배경의 디자인은 'PNG'로 저장해야 합니다. 'JPG'는 투명한 배경 형식을 지원하지 않습니다. 오른쪽 상단에 <다운로드>를 클릭합니다. 파일 형식을 <PNG>로 선택하고, PNG 옵션의 '투명한 배경'을 체크 표시한 다음 <빠른 다운로드>를 클릭하여 투명한 배경 상태로 디자인 결과물을 다운로드합니다.

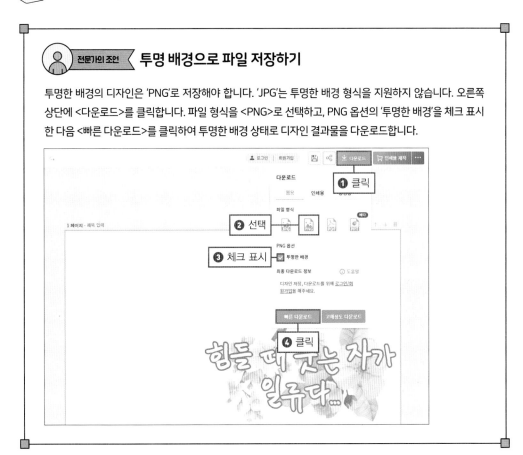

007 움직이는 예능 자막 만들기

미리캔버스의 애니메이션 기능을 활용하면 움직이는 자막을 만들어 동영상 편집 프로그램에서 디자인 요소로 사용할 수 있습니다. TV 예능에서 자주 사용하는 움직이는 예능 자막을 만들어 봅니다.

01 새 캔버스를 만들고 상단에 〈캔버스 크기〉를 클릭한 다음 〈직접 입력〉을 클릭합니다.

02 가로에 '1920', 세로에 '1080'을 입력한 다음 〈적용하기〉를 클릭합니다.

> **TIP** 캔버스의 크기를 FHD 영상 크기에 맞게 변경합니다. FHD 영상 크기는 '1920px × 1080px'입니다.

◆ 텍스트 스타일 적용하기

01 메뉴에서 〈Tr 텍스트〉를 클릭합니다. 〈스타일〉을 선택하면 다양한 스타일의 텍스트를 적용할 수 있습니다. '단원소개 타이틀' 스타일의 텍스트를 선택하면 캔버스에 선택한 스타일의 텍스트가 표시됩니다.

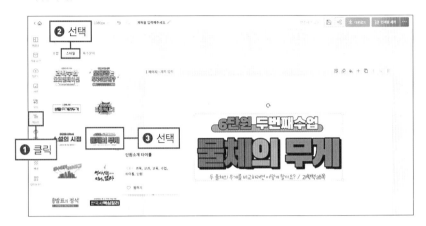

> **TIP** 검색창에 키워드를 입력하면 쉽고 빠르게 찾을 수 있습니다.

02 텍스트를 더블클릭하여 그림과 같이 입력합니다.

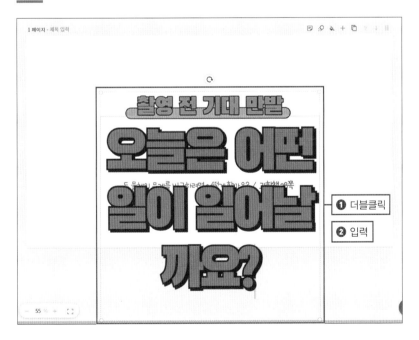

03 텍스트를 선택한 다음 〈그룹 해제하기〉를 클릭합니다.

04 그룹을 해제했기 때문에 텍스트를 각각 독립적으로 설정 가능합니다. '오늘은 어떤 일이 일어날까요?' 텍스트를 더블클릭하여 선택한 다음 글자 크기를 '100'으로 변경합니다.

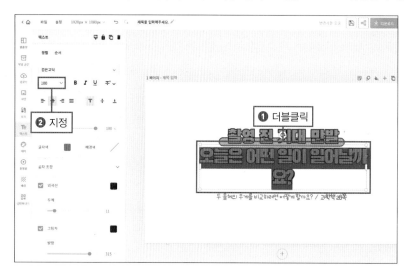

05 [Esc]를 눌러 블록을 해제한 다음 다시 '오늘은 어떤 일이 일어날까요?' 텍스트를 선택합니다. [Alt]를 누른 상태로 그림과 같이 타원형 조절점을 오른쪽으로 드래그하면 한 문단으로 수정할 수 있습니다.

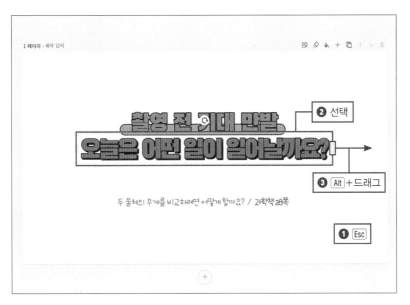

◇ 개별적으로 텍스트 설정하기

01 '어떤 일이' 텍스트를 드래그한 다음 글자색을 '하늘색(#B8E9FF)'으로 변경합니다.

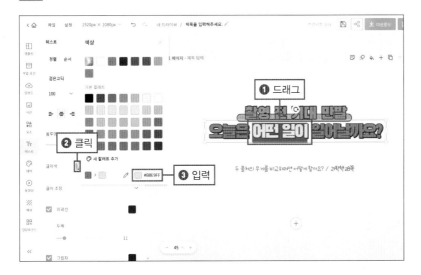

TIP 텍스트를 드래그한 다음 색상을 지정하면 해당 부분만 색상을 변경할 수 있습니다.

02 '오늘은' 텍스트를 드래그해 선택한 다음 글자색을 '주황색(#FD9F28)'로 변경합니다.

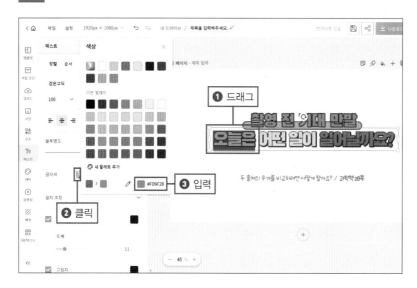

03 Shift를 누른 상태로 '촬영 전 기대 만발' 텍스트와 '자막바' 요소를 선택한 다음 〈그룹으로 만들기〉를 클릭합니다.

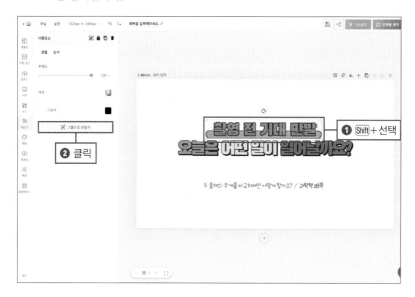

04 그룹으로 지정하면 크기나 위치를 따로따로 조절하지 않고 한 번에 조절할 수 있습니다. 조절점을 드래그하여 크기를 줄인 다음 드래그하여 위치를 그림과 같이 이동합니다.

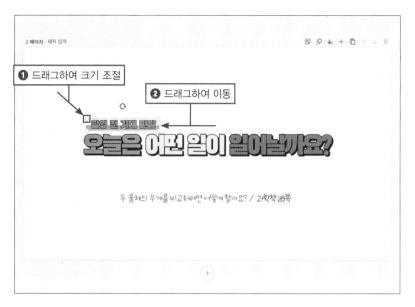

05 '촬영 전 기대 만발' 텍스트를 선택한 다음 글꼴을 'THE샤베트miri', 글자색을 '흰색(#FFFFFF)'으로 변경합니다.

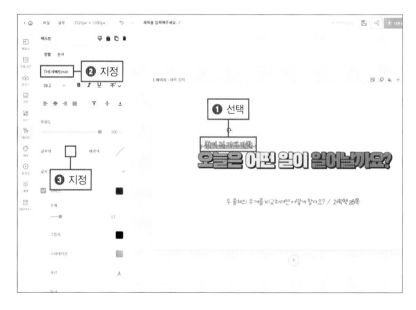

06 '자막바' 요소도 선택한 다음 색상을 모두 '파란색(#002AFF)'으로 변경합니다.

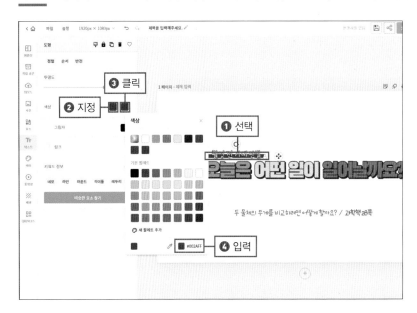

> **TIP** 그룹으로 지정되어 자막바 선택이 어려운 경우에는 그룹 해제(Ctrl+Shift+G)하여 색상 변경 후 다시 그룹(Ctrl+G)으로 지정합니다.

07 불필요한 텍스트를 선택한 다음 Delete 를 눌러 삭제합니다.

08 캔버스에 있는 모든 텍스트를 선택한 다음 아래로 드래그하여 위치를 조절합니다. 스냅 가이드 선을 기준으로 균형 있게 위치를 조절할 수 있습니다.

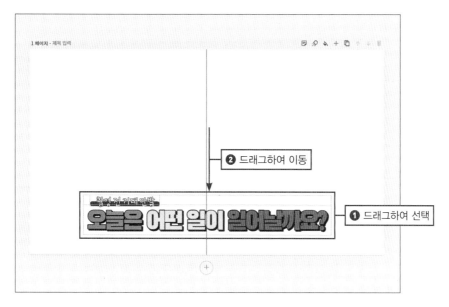

◆ 텍스트에 애니메이션 효과 적용하기

01 전환 효과를 적용하기 위해 상단에 〈🔍 애니메이션 효과〉를 클릭합니다. 전환 애니메이션에서 〈떠오르기〉 효과를 선택하여 적용합니다.

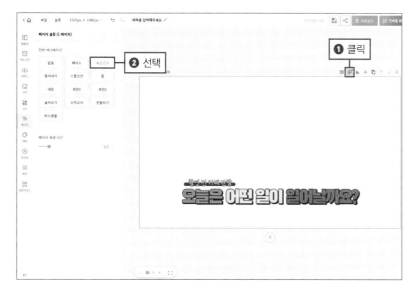

02 기존의 배경을 연두색 배경으로 변경합니다. 배경을 선택한 다음 메뉴에서 〈▨ 배경〉을 클릭합니다. 단색을 '연두색(#33FF00)'으로 변경합니다.

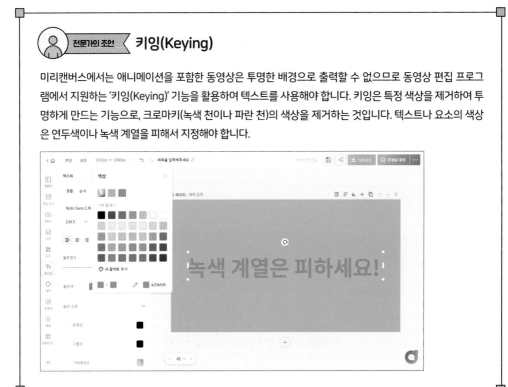

008 텍스트 스타일로 먹방 채널 로고 만들기

TV 프로그램을 보면 주로 영상의 오른쪽 상단에는 방송사의 로고를, 영상의 왼쪽 상단에는 해당 영상의 정보나 타이틀을 배치하여 시청자에게 프로그램의 정보뿐만 아니라 화면을 밀도 있게 보여 줍니다. 이번에는 미리캔버스로 먹방 채널 로고를 만들어 봅니다.

• 예제 파일 : 01\연어스테이크.mp4

01 새 캔버스를 만들고 컴퓨터에 있는 파일을 미리캔버스에 업로드하기 위해 메뉴에서 〈⬆ 업로드〉를 클릭합니다.

02 〈내 파일 업로드〉를 클릭합니다. 열기 대화상자가 표시되면 01 폴더에서 '연어스테이크.mp4' 파일을 선택한 다음 〈열기〉를 클릭합니다.

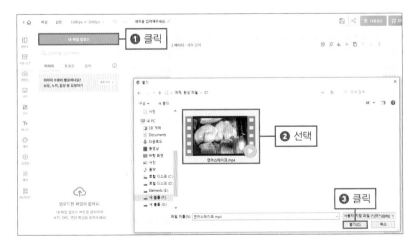

> **TIP** 미리캔버스에서는 mp4 형식, 50MB 미만의 동영상만 업로드가 가능합니다.

03 캔버스의 크기를 영상 크기에 맞게 변경합니다. 상단에 〈캔버스 크기〉를 클릭한 다음 〈직접 입력〉
을 클릭합니다.

04 가로에 '1920', 세로에 '1080'을 입력한 다음 〈적용하기〉를 클릭합니다.

05 불러온 연어스테이크 동영상을 선택하면 캔버스에 동영상이 표시됩니다.

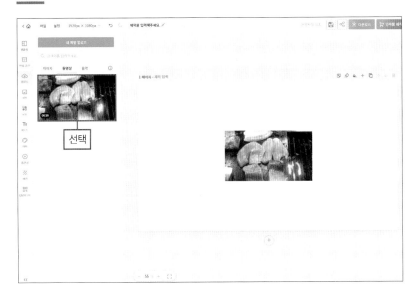

06 연어스테이크 동영상을 선택한 다음 Alt 를 누른 상태로 조절점을 드래그하여 캔버스 크기에 맞추어 동영상의 크기를 조절합니다.

> **TIP** 여기서는 영상과 함께 텍스트의 느낌을 보기 위해 영상을 불러왔습니다. 영상을 불러오지 않고 채널 로고를 만들어도 무관합니다.

◆ 텍스트 스타일 적용하여 채널 로고 만들기

01 메뉴에서 〈🔲텍스트〉를 클릭합니다. 〈스타일〉을 선택한 다음 '블루계열 노트필기 형식' 스타일
의 텍스트를 선택합니다.

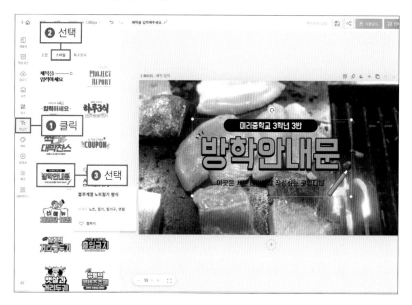

02 텍스트 스타일을 더블클릭하여 그림과 같이 입력합니다.

03 텍스트 스타일을 선택한 다음 크기를 줄여 줍니다.

크기 및 위치 조절

04 영상의 윗부분에 딱 붙지 않게 아래로 살짝 드래그하여 위치를 조절합니다. 텍스트 스타일이 그룹으로 묶여 있으므로 〈그룹 해제하기〉를 클릭합니다.

❶ 드래그하여 이동

❷ 클릭

05 Shift를 누른 상태로 '오늘의 먹방 메뉴는!?' 텍스트와 뒤에 있는 '검은색 자막바' 요소를 선택한 다음 왼쪽으로 드래그하여 그림과 같이 위치를 조절합니다.

06 '맛있는 연어 스테이크!' 텍스트의 가독성이 떨어집니다. 가독성을 높이기 위해 메뉴에서 〈 요소 〉를 클릭합니다. 검색창에 '타이틀 강조 텍스트'를 검색한 다음 그림과 같은 요소의 자막바 디자인을 선택합니다.

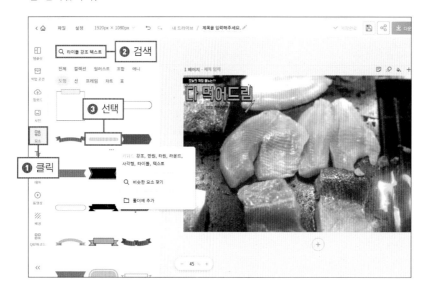

07 '회색 자막바' 요소를 드래그하여 '맛있는 연어 스테이크!' 텍스트와 겹치게 배치합니다. '흰색 자막바' 요소를 선택한 다음 색상을 '흰색(#FFFFFF)'으로 변경합니다.

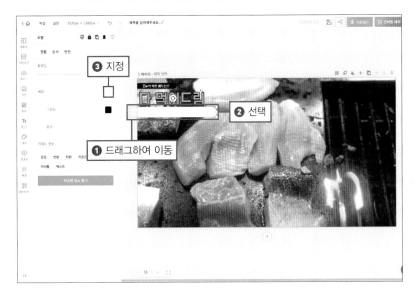

08 '흰색 자막바' 요소에 마우스 커서를 가져가 마우스 오른쪽 버튼을 클릭한 다음 〈뒤로 보내기〉를 선택합니다.

09 한 번 더 '흰색 자막바' 요소에 마우스 커서를 가져가 마우스 오른쪽 버튼을 클릭한 다음 〈뒤로 보내기〉를 선택합니다. '맛있는 연어 스테이크!' 텍스트가 흰색 자막바 요소 위에 위치합니다.

10 Alt를 누른 상태로 '흰색 자막바' 요소의 조절점을 드래그하여 크기를 줄여 줍니다.

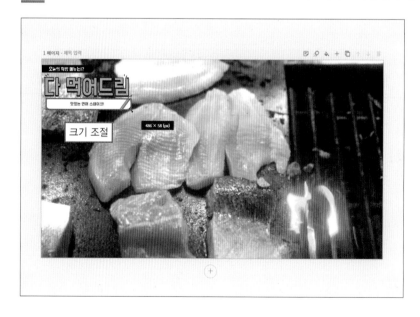

11 '맛있는 연어 스테이크!' 텍스트를 선택한 다음 글자 크기를 '22'로 변경합니다.

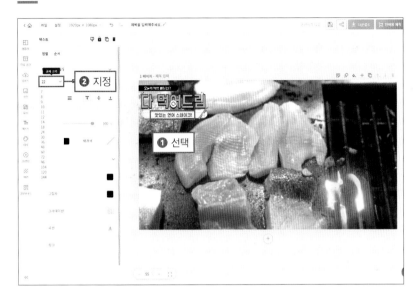

12 '맛있는 연어 스테이크!' 텍스트를 드래그하여 '흰색 자막바' 요소 중앙에 오도록 위치를 조절합니다. 스냅 가이드를 활용하면 쉽게 위치를 조절할 수 있습니다.

13 메뉴에서 〈 요소〉를 클릭합니다. 검색창에 '뒤집개'를 검색한 다음 카테고리에서 〈전체〉를 선택합니다. 그림과 같은 모양의 '뒤집개' 요소를 선택합니다.

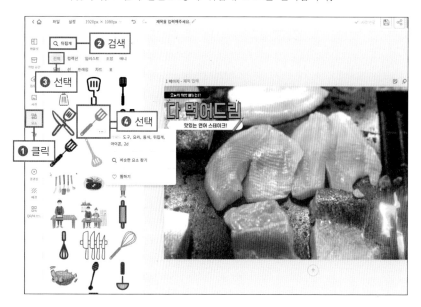

14 기존에 있던 '연필' 요소를 선택한 다음 Delete 를 눌러 삭제합니다.

15 '뒤집개' 요소의 크기와 위치를 조절한 다음 색상을 '청록색(#47C10C)'으로 변경합니다. 〈✐스포이트〉를 클릭하고 '다 먹어드림' 텍스트를 클릭하여 색을 추출하면 자동으로 뒤집개 요소의 색이 청록색으로 변경됩니다. 동영상 배경을 선택한 다음 Delete를 눌러 동영상을 삭제합니다.

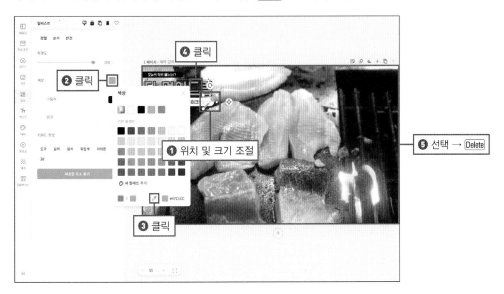

TIP 〈✐스포이트〉를 클릭하고 원하는 부분을 클릭하면 해당 부분의 색상을 추출하여 사용할 수 있습니다.

009 유튜브 동물 영상 인트로 만들기

썸네일에 애니메이션을 추가하면 채널의 정체성을 강조하거나 영상의 제목을 보여 주는 멋진 인트로로 바뀔 수 있습니다. 템플릿을 변형하여 영상 인트로를 만들어 봅니다.

• 예제 파일 : 01\고양이.png

01 새 캔버스를 만들고 템플릿 검색창에 '반려견'을 검색한 다음 '반려견 유튜브 유튜브 / 팟빵 썸네일' 템플릿을 선택합니다.

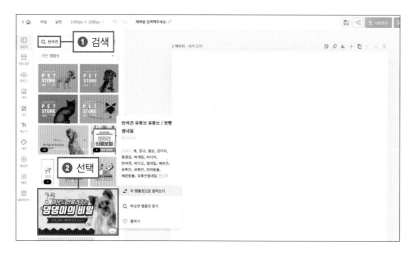

02 캔버스에 선택한 템플릿이 표시됩니다. 기본 캔버스 크기에 맞춰 템플릿이 표시됩니다. 템플릿 크기로 변경하기 위해 디자인 불러오기 방식 선택하기 대화상자에서 〈또는, 템플릿 사이즈로 변경하기〉를 클릭합니다.

03 일반적인 영상 크기는 FHD 크기인 '1920px×1080px'입니다. 캔버스의 크기를 FHD 영상 크기에 맞게 변경합니다. 상단에 〈캔버스 크기〉를 클릭한 다음 〈직접 입력〉을 클릭합니다.

04 가로에 '1920', 세로에 '1080'을 입력한 다음 〈적용하기〉를 클릭합니다.

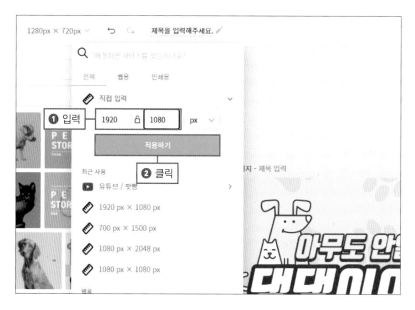

TIP 캔버스의 크기를 변경하면 기존 템플릿에 있는 요소들도 자동으로 크기가 변경됩니다.

◇ 썸네일 템플릿에 다양한 요소 추가하기

01 템플릿의 텍스트를 더블클릭하여 그림과 같이 입력합니다.

02 강아지 사진을 고양이 사진으로 교체하겠습니다. 사진을 업로드하기 위해 메뉴에서 〈⬆ 업로드〉를 클릭한 다음 〈내 파일 업로드〉를 클릭합니다.

03 열기 대화상자가 표시되면 01 폴더에서 '고양이.png' 파일을 선택한 다음 〈열기〉를 클릭합니다.

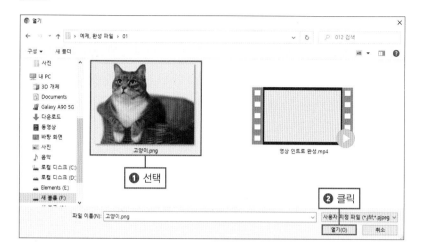

04 불러온 고양이 사진을 캔버스에 있는 강아지 사진으로 드래그하면 사진이 교체됩니다.

05 캔버스에 고양이 사진이 표시됩니다. 고양이 사진을 오른쪽으로 드래그하여 고양이의 얼굴이 더 잘 보이게 위치를 조절합니다.

드래그하여 이동

06 자막바 요소 옆에 움직이는 고양이 요소를 넣기 위해 메뉴에서 〈🔲요소〉를 클릭합니다. 검색창에 '고양이'를 검색한 다음 카테고리에서 〈애니〉를 선택합니다.

TIP 움직이는 요소는 〈애니〉 항목에서 적용할 수 있습니다.

07 그림과 같은 '움직이는 고양이' 요소를 선택합니다. 캔버스에 움직이는 고양이 요소가 표시됩니다.
요소의 조절점을 드래그하여 크기를 줄여 줍니다.

08 캔버스에 있는 기존의 '강아지' 요소를 선택한 다음 Delete 를 눌러 삭제합니다.

09 삭제한 강아지 요소 위치에 '움직이는 고양이' 요소를 드래그하여 배치합니다.

10 Esc를 눌러 선택을 해제합니다. 메뉴에서 〈요소〉를 다시 클릭한 다음 카테고리에서 〈일러스트〉를 선택하여 '둥글둥글한 고양이' 요소를 선택합니다.

11 해당 요소는 6가지의 요소를 제공합니다. 그림과 같은 요소를 선택합니다. 캔버스에 선택한 종류
의 둥글둥글한 고양이 요소가 표시됩니다.

12 기존의 '고양이&강아지' 요소를 선택한 다음 Delete 를 눌러 삭제합니다. '둥글둥글한 고양이' 요소
를 선택한 다음 드래그하여 기존에 있던 요소 위치에 배치합니다.

13 '둥글둥글한 고양이' 요소의 조절점을 드래그하여 요소의 크기를 줄여 줍니다.

14 둥글둥글한 고양이 요소가 텍스트 앞에 있어서 가독성이 떨어집니다. 해당 요소 위에서 마우스 오른쪽 버튼을 클릭한 다음 〈맨 뒤로 보내기〉를 선택합니다.

15 기존의 배경을 다른 패턴의 배경으로 변경합니다. '노란색' 배경을 클릭하고 메뉴에서 〈▨배경〉을 클릭한 다음 〈배경 편집〉을 클릭합니다.

16 〈비슷한 요소 찾기〉를 클릭합니다.

17 그림과 같이 원하는 패턴 배경을 선택합니다.

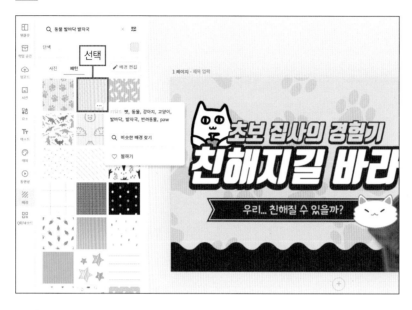

TIP 키워드를 조합하여 검색하면 배경을 더 쉽게 찾을 수 있습니다.

18 캔버스에 바뀐 배경이 표시됩니다. 색상을 '연한 노란색(#FEEBB6)'으로 변경합니다.

◇ 애니메이션 추가하기

01 전환 효과를 적용하기 위해 상단에 〈🔍애니메이션 효과〉를 클릭합니다. 전환 애니메이션에서 〈스톱모션〉 효과를 선택하여 적용합니다.

02 페이지 재생 시간을 '10.0s'로 설정합니다. 영상의 길이를 10초로 지정하는 기능입니다. 〈스톱모션〉 효과를 선택하면 적용된 효과를 확인할 수 있습니다.

TIP 텍스트 및 사진, 요소 등에 각각 다른 애니메이션을 적용할 수 없습니다.

010 인물이 들어간 유튜브 영상 아웃트로 만들기

썸네일에 인물을 넣어 멋진 아웃트로를 만들 수 있습니다. 템플릿을 변형하고 애니메이션을 추가하여 영상 아웃트로를 만들어 봅니다.

• **예제 파일** : 01\김뷰티.jpg

01 새 캔버스를 만들고 템플릿 검색창에 '디저트 먹방 소통'을 검색한 다음 '유튜브_요리 유튜브 / 팟빵 썸네일' 템플릿을 선택합니다.

02 템플릿 크기로 변경하기 위해 디자인 불러오기 방식 선택하기 대화상자에서 〈또는, 템플릿 사이즈로 변경하기〉를 클릭합니다.

03 일반적인 FHD 영상 크기는 '1920px×1080px'입니다. 캔버스의 크기를 FHD 영상 크기에 맞게 변경합니다. 상단에 〈캔버스 크기〉를 클릭한 다음 〈직접 입력〉을 클릭합니다.

04 가로에 '1920', 세로에 '1080'을 입력한 다음 〈적용하기〉를 클릭합니다.

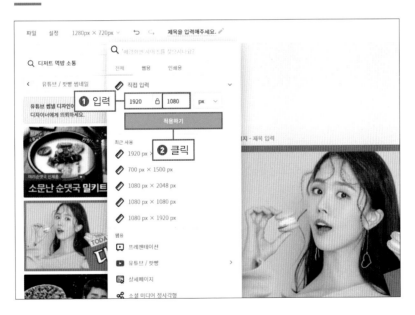

TIP 캔버스의 크기를 변경하면 기존 템플릿에 있는 요소들도 자동으로 크기가 변경됩니다.

◇ 썸네일 템플릿에 인물 추가하고 효과 적용하기

01 템플릿의 텍스트를 더블클릭하여 그림과 같이 입력합니다.

02 배경 사진을 변경하기 위해 템플릿에 배경 사진을 선택한 다음 Delete 를 누르면 그림과 같이 기본 배경이 표시됩니다. 사진을 업로드하기 위해 메뉴에서 〈 📤 업로드〉를 클릭한 다음 〈내 파일 업로드〉를 클릭합니다.

03 열기 대화상자가 표시되면 01 폴더에서 '김뷰티.jpg' 파일을 선택한 다음 〈열기〉를 클릭합니다.

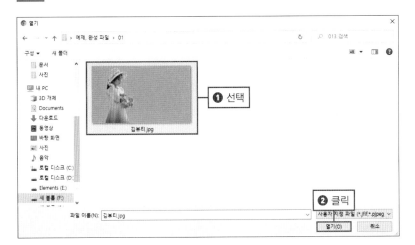

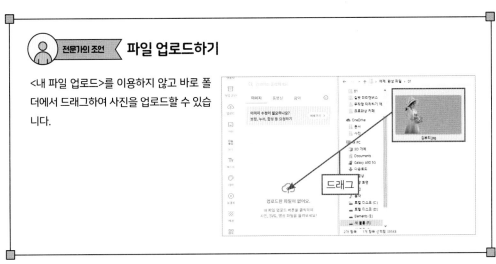

전문가의 조언 ▶ **파일 업로드하기**

〈내 파일 업로드〉를 이용하지 않고 바로 폴더에서 드래그하여 사진을 업로드할 수 있습니다.

04 불러온 인물 사진을 캔버스의 기본 배경으로 드래그하면 사진이 표시됩니다.

05 삽입한 '인물' 사진을 선택한 다음 필터 효과에서 '대비' 효과를 선택하여 적용합니다.

◆ 애니메이션 추가하기

01 전환 효과를 적용하기 위해 상단에 〈 🔍 애니메이션 효과〉를 클릭합니다. 전환 애니메이션에서
〈수직교차〉 효과를 선택하여 적용합니다.

02 페이지 재생 시간을 '10.0s'로 설정합니다. 영상의 길이를 10초로 지정하는 기능입니다. 〈수직교차〉
효과를 선택하면 적용된 효과를 확인할 수 있습니다.

> **TIP** 텍스트 및 사진, 요소 등에 각각 다른 애니메이션을 적용할 수 없습니다.

011 명함 템플릿으로 카페 명함 쿠폰 만들기

미리캔버스는 온라인 및 SNS뿐만 아니라 오프라인 가게에서도 필요한 것들을 디자인하고 인쇄하여 사용할 수 있습니다. 간단하게 카페 로고를 만들어 보고, 완성된 로고를 이용하여 명함 쿠폰을 제작해 봅니다.

◇ 명함 캔버스 만들기

01 새 캔버스를 만들고 템플릿을 선택하기 위해 〈모든 템플릿〉을 클릭한 다음 〈명함〉에서 〈세로형〉을 선택합니다.

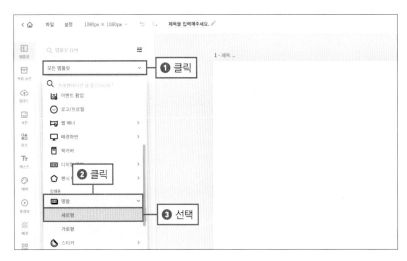

02 템플릿 검색창에 '커피 명함'을 검색한 다음 '커피 명함 세로형' 템플릿을 선택합니다.

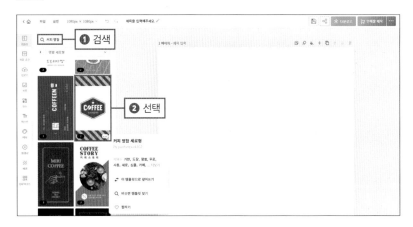

03 〈이 템플릿으로 덮어쓰기〉를 클릭합니다. 해당 템플릿이 캔버스에 표시됩니다.

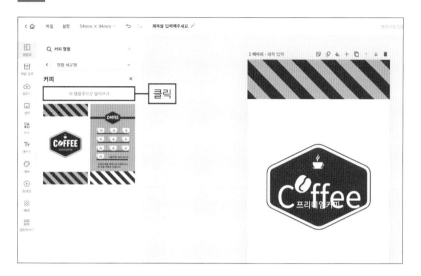

04 해당 템플릿은 명함의 앞면과 뒷면으로 구성되어 있습니다. 스크롤을 내려 2페이지로 이동한 다음 〈＋새 페이지 추가〉를 클릭합니다.

> **TIP** 페이지를 추가하지 않으면 추가할 템플릿이 현재 페이지에 덮어 쓰입니다.

◇ 카페 로고 만들고 명함에 추가하기

01 로고를 만들기 위해 〈템플릿 메뉴〉를 클릭한 다음 〈로고/프로필〉을 선택합니다.

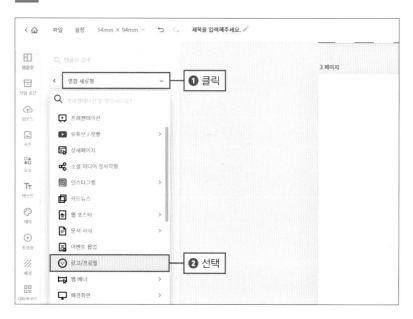

02 심볼형 로고에서 '커피블루 로고/프로필' 로고를 선택합니다. 캔버스에 선택한 로고가 표시됩니다.

03 메뉴에서 〈⊙ 테마〉를 클릭한 다음 '빈티지, 겨울, 건조' 키워드의 테마 색상을 선택합니다.

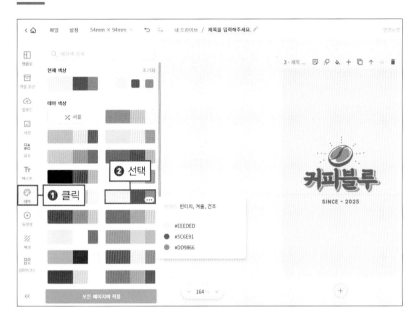

04 텍스트를 더블클릭하여 그림과 같이 입력합니다.

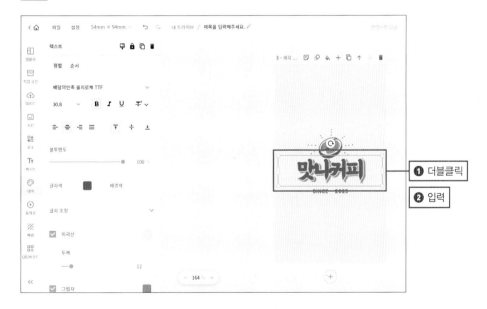

05 Shift 를 누른 상태로 '커피콩' 요소와 '맛나커피' 텍스트를 선택한 다음 〈그룹으로 만들기〉를 클릭합니다.

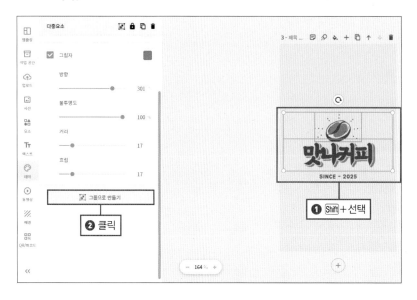

06 그룹으로 지정한 로고를 선택한 다음 Ctrl + C 를 눌러 복사합니다.

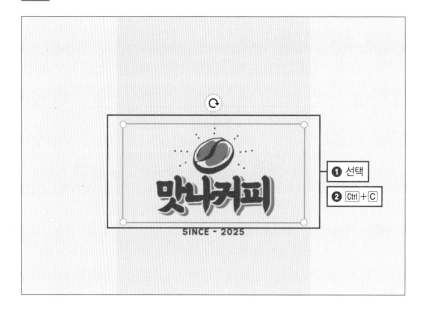

07 1페이지로 이동합니다. 로고의 텍스트와 '커피' 요소를 선택한 다음 Delete를 눌러 삭제합니다.

08 Ctrl+V를 눌러 복사한 로고를 붙여 넣습니다. Alt를 누른 상태로 복사한 로고의 조절점을 드래그하여 도형 안에 로고가 들어가도록 크기를 줄여 줍니다.

09 로고를 드래그하여 로고가 테두리 안에 균형감 있게 배치합니다.

드래그하여 위치 이동

10 2페이지로 이동합니다. 상단에 있는 로고를 선택하고 〈그룹 해제하기〉를 클릭합니다.

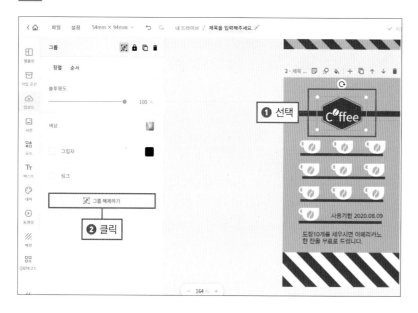

❶ 선택

❷ 클릭

11 'Coffee' 텍스트를 선택한 다음 Delete 를 눌러 삭제합니다.

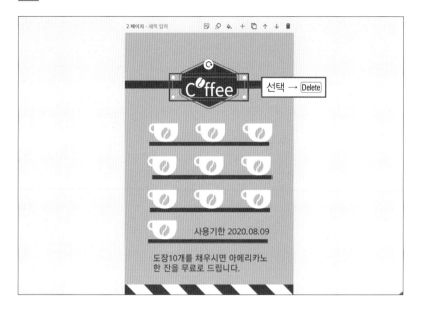

12 Ctrl + V 를 눌러 복사한 로고를 다시 붙여 넣습니다. Alt 를 누른 상태로 복사한 로고의 조절점을 드래그하여 도형 안에 로고가 들어가도록 크기를 줄여 줍니다.

13 로고를 드래그하여 도형 안에 배치합니다.

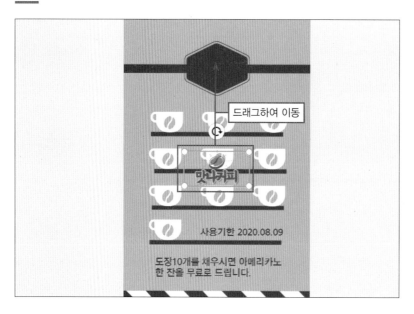

◇ 명함 디자인 마무리하기

01 3페이지는 이제 필요가 없으므로 상단에 〈🗑페이지 삭제〉를 클릭하여 삭제합니다.

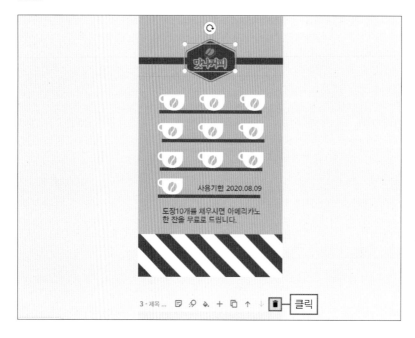

02 텍스트를 더블클릭하여 사용기한을 그림과 같이 입력합니다.

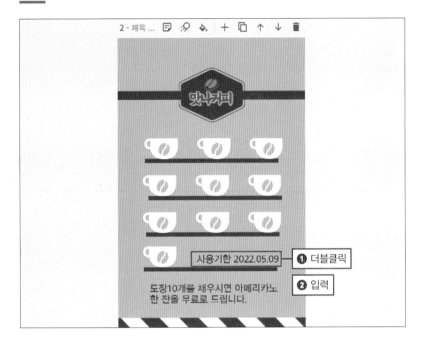

03 본인의 기획 및 기호에 따라 테마 설정 및 디자인 요소 등을 추가 및 변형하여 디자인을 마무리합니다.

012 헬스장 SNS 홍보 게시물 만들기

SNS와 연동하여 마케팅을 진행하면 고객들에게 효과적으로 홍보를 할 수 있습니다. 미리캔버스로 인스타그램용 헬스장 오픈 기념 홍보 게시물을 만들어 봅니다. SNS에 올리기 좋은 마케팅용 게시물을 쉽고 간단하게 디자인할 수 있습니다.

01 새 캔버스를 만들고 템플릿 검색창에 '휘트니스 이벤트'를 검색한 다음 '헬스 소셜 미디어 정사각형' 템플릿을 선택합니다.

02 해당 템플릿은 2개의 템플릿으로 구성되어 있습니다. 그림과 같은 템플릿을 선택하면 캔버스에 선택한 디자인의 템플릿이 표시됩니다.

03 캐릭터를 선택한 다음 `Delete`를 눌러 삭제합니다.

04 메뉴에서 〈⊕테마〉를 클릭합니다. '짙은 남색, 진분홍, 레트로, 네온' 키워드의 테마 색상을 선택합니다.

> **TIP** 템플릿을 수정하기 전에 테마를 변경하면 텍스트에 배경이 생기는 오류가 발생하지 않습니다.

05 모델 사진을 넣기 위해 메뉴에서 〈🖼️사진〉을 클릭한 다음 검색창에 '헬스 피트니스'를 검색합니
다. 저작권 문제가 없는 다양한 사진이 표시됩니다. 그림과 같은 '남자 모델' 사진을 선택하여 적용
합니다.

06 '남자 모델' 사진을 캔버스 오른쪽 하단으로 드래그하여 이동한 다음 조절점을 드래그하여 텍스트
를 가리지 않는 선에서 남자 모델 사진을 배치합니다.

07 텍스트를 더블클릭하여 원하는 날짜로 수정합니다.

08 내용을 자신의 기획과 상황에 맞게 수정합니다. 여기서는 그림과 같이 입력했습니다.

013 카페 신메뉴 포스터 만들기

캘리그래피는 보면 볼수록 정감 가는 느낌을 전달할 수 있습니다. 미리캔버스에서 사진을 추가하고 레이어를 이용하여 캘리그래피 느낌의 신메뉴 포스터를 만들어 봅니다.

• **예제 파일** : 01\깔라만시.png, 에이드.png

◇ 포스터 캔버스 만들기

01 새 캔버스를 만들고 템플릿 검색창에 '캘리그래피 과일'을 검색한 다음 '캘리그래피 타이틀컨셉의 과일 아이스크림 투명포스터 가로형' 템플릿을 선택합니다.

02 기본 캔버스 크기에 맞춰 템플릿이 표시됩니다. 템플릿 크기로 변경하기 위해 디자인 불러오기 방식 선택하기 대화상자에서 〈또는, 템플릿 사이즈로 변경하기〉를 클릭합니다.

◆ 템플릿 변형하기

01 〈⊕ 업로드〉를 클릭한 다음 〈내 파일 업로드〉를 클릭합니다. 열기 대화상자가 표시되면 01 폴더
에서 '깔라만시.png'와 '에이드.png' 파일을 선택한 다음 〈열기〉를 클릭합니다.

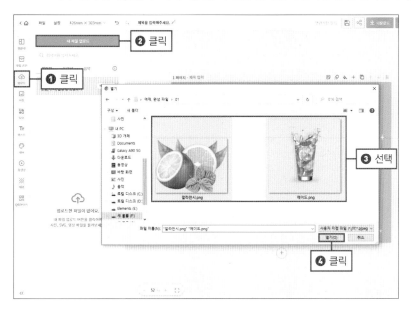

02 불필요한 요소를 선택한 다음 Delete 를 눌러 삭제합니다.

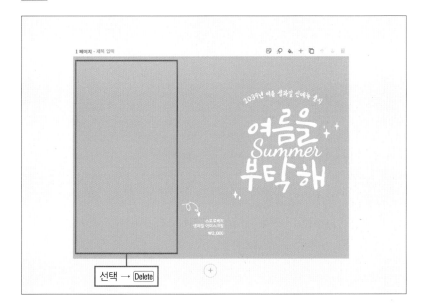

03 불러온 '깔라만시' 사진을 선택하면 캔버스에 표시합니다.

선택

04 '깔라만시' 사진을 그림과 같이 배치합니다.

드래그하여 이동

05 Esc를 눌러 선택을 해제한 다음 '에이드' 사진을 선택해 캔버스에 표시합니다.

06 '에이드' 사진을 선택한 다음 Alt를 누른 상태로 조절점을 드래그하여 크기를 키워 줍니다. 그림과 같이 깔라만시 사진 위에 에이드 사진이 겹치게 배치합니다.

TIP 그림과 같이 에이드 사진이 맨 앞에 표시되지 않는다면 마우스 오른쪽 버튼을 클릭한 다음 <맨 앞으로 가져오기>를 선택하면 됩니다.

◇ 레이어 기능 활용하기

01 요소의 순서를 변경하기 위해 상단에서 〈설정〉을 클릭한 다음 〈레이어〉를 클릭하여 활성화합니다. 오른쪽에 레이어가 표시됩니다.

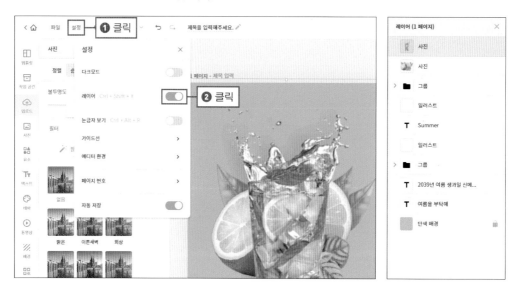

02 지금은 수정할 텍스트가 추가한 사진 아래에 있어서 바로 수정할 수가 없습니다. 텍스트를 포함하고 있는 '그룹' 폴더를 드래그하여 가장 위로 이동합니다. 그룹 폴더의 〈▼펼침〉을 클릭하면 그룹에 포함된 다른 요소들을 확인할 수 있습니다.

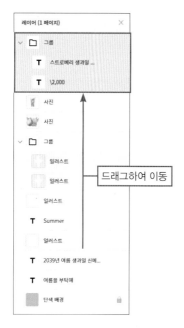

03 텍스트를 더블클릭하여 그림과 같이 입력합니다. 레이어의 〈☒닫기〉를 클릭하여 닫습니다.

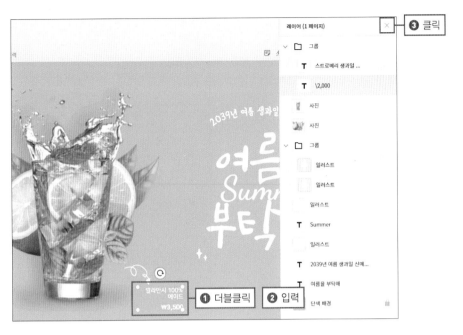

레이어 기능

레이어는 '층, 계층'이라는 뜻으로, 두께가 없고 투과율이 100%인 투명한 막과 같습니다. 가장 위에 있는 레이어부터 순서대로 결과물에 표시됩니다. 미리캔버스 레이어에서는 드래그를 통해 레이어의 순서를 변경할 수 있습니다.

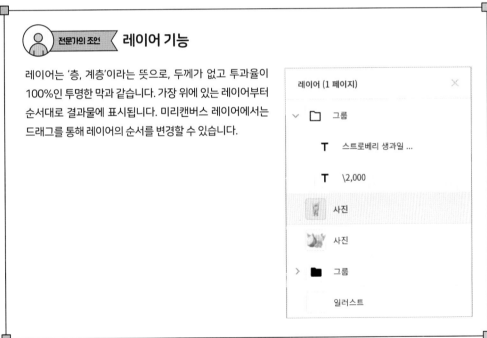

◇ 포스터 디자인 마무리하기

01 상단에 있는 휘어진 텍스트도 더블클릭하여 그림과 같이 입력합니다. 글자 크기를 '40'으로 지정합니다.

02 기존의 배경을 다른 배경으로 변경하기 위해 메뉴에서 〈⬛배경〉을 클릭한 다음 검색창에 '여름'을 검색합니다. '바다, 모래사장, 물결, 여름'의 키워드의 배경을 선택합니다.

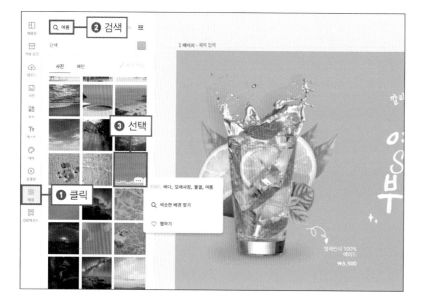

03 변경한 배경의 채도를 높여서 텍스트의 가독성을 높이기 위해 필터 효과에서 '빈티지' 효과를 선택합니다. 색상이 진해지면서 흰색 텍스트와 요소가 더 잘 보입니다. 필요에 따라 추가로 다른 요소 및 텍스트를 넣어 포스터를 꾸며도 좋습니다.

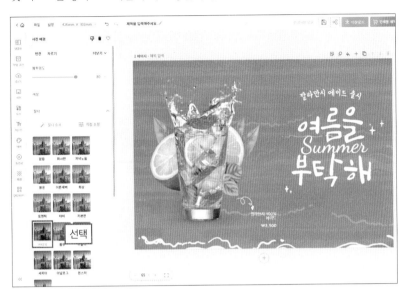

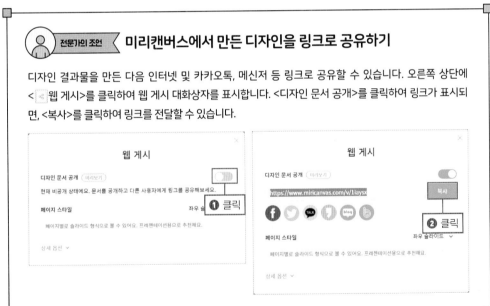

전문가의 조언 | **미리캔버스에서 만든 디자인을 링크로 공유하기**

디자인 결과물을 만든 다음 인터넷 및 카카오톡, 메신저 등 링크로 공유할 수 있습니다. 오른쪽 상단에 < 🔗 웹 게시>를 클릭하여 웹 게시 대화상자를 표시합니다. <디자인 문서 공개>를 클릭하여 링크가 표시되면, <복사>를 클릭하여 링크를 전달할 수 있습니다.

014 카페 창업을 위한 카페 메뉴판 만들기

창업을 준비하거나 매장을 오픈하려는 자영업자의 입장에서 메뉴판, 포스터, 배너 등 디자인에 대해 고민이 많습니다. 미리캔버스를 이용하여 직접 카페의 메뉴판을 쉽고 빠르게 제작해 봅니다.

◈ 메뉴판 캔버스 만들기

01 새 캔버스를 만들고 템플릿 검색창에 '메뉴판'을 검색한 다음 '브라운색의 식물 일러스트 카페 메뉴판 포스터 현수막 세로 포스터형' 템플릿을 선택합니다.

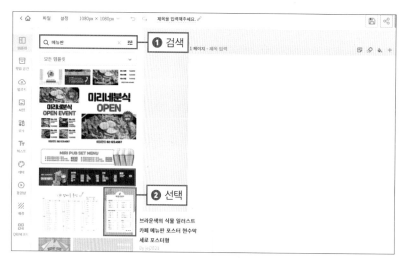

02 기본 캔버스 크기에 맞춰 메뉴판 템플릿이 표시됩니다. 템플릿 크기로 변경하기 위해 디자인 불러오기 방식 선택하기 대화상자에서 〈또는, 템플릿 사이즈로 변경하기〉를 클릭합니다.

03 캔버스에 표시된 템플릿 크기가 변경됩니다.

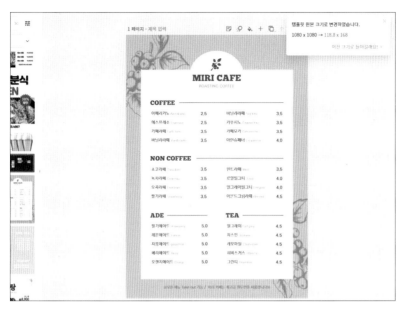

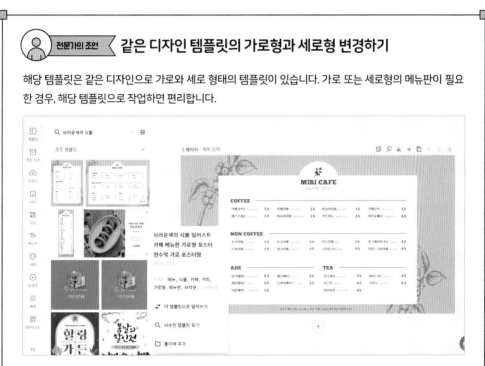

전문가의 조언 **같은 디자인 템플릿의 가로형과 세로형 변경하기**

해당 템플릿은 같은 디자인으로 가로와 세로 형태의 템플릿이 있습니다. 가로 또는 세로형의 메뉴판이 필요한 경우, 해당 템플릿으로 작업하면 편리합니다.

◇ 메뉴판 수정하기

01 배경과 메뉴판의 요소를 변경하기 위해 메뉴에서 〈📑 요소〉를 클릭한 다음 검색창에 '카페 커피콩'을 검색합니다.

02 그림과 같은 '커피콩' 요소를 캔버스에 있는 기존 요소로 드래그하여 변경합니다.

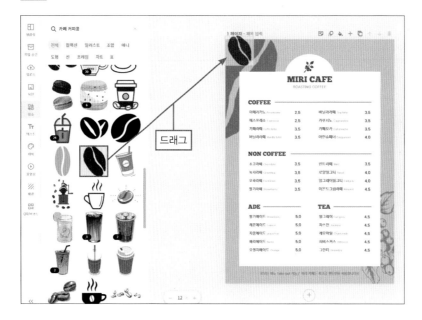

> **TIP** 캔버스에 있는 기존 요소로 드래그하면 손쉽게 원하는 요소로 변경할 수 있습니다.

03 〈비슷한 요소 찾기〉를 클릭하면 다시 해당 요소를 찾아서 적용할 수 있습니다. 모든 식물 요소를 커피콩 요소로 변경합니다.

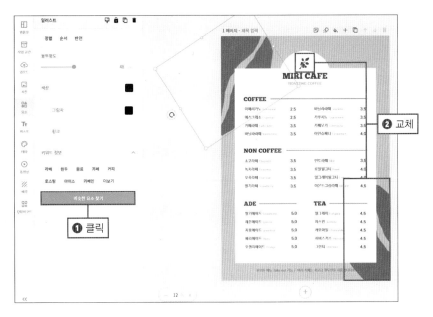

04 'MIRI CAFE' 텍스트를 더블클릭하여 그림과 같이 입력합니다. 메뉴 구성에 따라 기존 메뉴도 수정합니다.

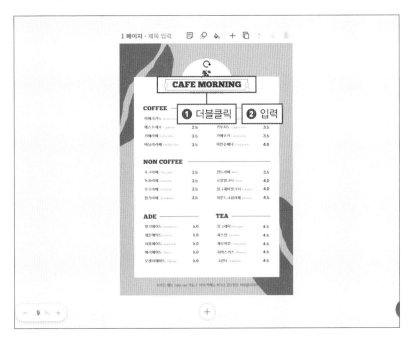

온라인, 오프라인 구분 없이 프로모션을 위한 행사는 고객층을 끌어들이는 좋은 수단입니다. 행사 및 이벤트 등을 홍보하기 위해서는 행사를 알릴 수 있는 포스터를 디자인하고 제작해야 합니다. 미리캔버스에서 온라인, 오프라인 상관없이 사용할 수 있는 행사용 포스터를 쉽고 빠르게 만들어 봅니다.

◇ 행사 포스터 캔버스 만들기

01 새 캔버스를 만들고 템플릿 검색창에 '취업박람회'를 검색한 다음 '취업설명회 웹 포스터 세로형' 템플릿을 선택합니다.

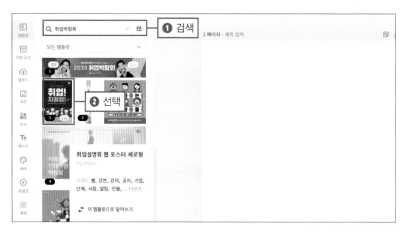

02 해당 템플릿은 2개의 템플릿을 제공합니다. 그림과 같은 템플릿을 선택합니다. 기본 캔버스 크기에 맞춰 템플릿이 표시됩니다. 템플릿 크기로 변경하기 위해 디자인 불러오기 방식 선택하기 대화상자에서 〈또는, 템플릿 사이즈로 변경하기〉를 클릭합니다.

03 캔버스에 표시된 템플릿의 크기가 변경됩니다.

전문가의 조언 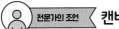 ## 캔버스 밖으로 벗어나는 요소 설정하기

<설정>을 클릭한 다음 <에디터 환경>에서 <편집 영역만 보기>를 활성화하면 캔버스 밖으로 나가는 요소가 가려집니다. <편집 영역만 보기>를 비활성화하면 캔버스 밖으로 벗어나는 요소가 잘리지 않고 표시됩니다.

◆ 포스터 수정하기

01 사람 요소를 변경하기 위해 캔버스 하단에 '사람' 요소를 선택한 다음 〈비슷한 요소 찾기〉를 클릭합니다.

02 해당 요소와 비슷한 요소가 표시됩니다. 그림과 같은 '사람' 요소를 캔버스에 있는 기존 사람 요소에 드래그하여 변경합니다.

03 요소가 캔버스보다 커서 요소의 조절점이 보이지 않아 크기를 조절하기 힘듭니다. 요소의 크기를 조절하기 위해 화면 크기 조절의 〈➖축소〉를 클릭합니다. Alt 를 누른 상태로 '사람' 요소의 조절점을 드래그하여 캔버스에 꽉 차게 배치합니다.

04 메뉴에서 〈◎테마〉를 클릭한 다음 '차가운, 하늘, 겨울' 키워드의 테마 색상을 선택합니다. 사람 요소를 제외한 모든 요소의 색상이 변경됩니다.

05 텍스트를 더블클릭하여 그림과 같이 입력합니다.

06 강조 효과를 적용하기 위해 메뉴에서 〈[icon]요소〉를 클릭합니다. 검색창에 '강조'를 검색한 다음 그림과 같은 모양의 '강조선' 요소를 선택합니다.

07 '강조선' 요소의 조절점을 드래그하여 캔버스 크기에 맞춰 조절합니다.

08 강조선 요소가 텍스트 위에 위치하여 시각적으로 가독성이 떨어집니다. '강조선' 요소를 선택한 다음 〈순서〉에서 〈맨 뒤로〉를 선택합니다.

09 강조선 요소가 텍스트 뒤로 이동되었습니다. 캔버스 오른쪽 상단에 'LOGO' 요소를 선택한 다음 Delete를 눌러 삭제합니다.

10 '강조선' 요소의 색상을 배경과 잘 어울리는 '하늘색(#9FA9D8)'으로 변경합니다.

전문가의 조언

데이터 기반의 자료 편집하기

미리캔버스는 단순히 디자인 요소를 배치하는 것뿐만 아니라 데이터 수치를 입력하여 차트 및 그래프도 만들 수 있습니다. 이 기능은 프레젠테이션이나 인포그래픽에 삽입하여 사용할 수 있습니다.

▲ 미리캔버스에서 제공하는 프레젠테이션 템플릿

차트나 그래프가 삽입된 템플릿의 경우 해당 요소를 선택하면 <데이터 편집>이 활성화됩니다. 여기에 데이터를 입력하면 실시간으로 수치에 맞게 그래프 모양이 변경됩니다. 하지만 차트나 그래프 모양만 변경되기 때문에 그 외에 부수적인 요소는 직접 수정해야 합니다.

캔버스에 있는 그래프나 차트를 클릭하면 해당 부분에 대한 설정이 표시됩니다. 타입에서는 데이터를 차트로 표시할지, 그래프로 표시할지 등 디자인의 종류를 설정할 수 있습니다. 색상에서는 막대기나 영역의 색상을 설정할 수 있으며, 범례 표시와 범례의 위치를 설정할 수 있습니다.

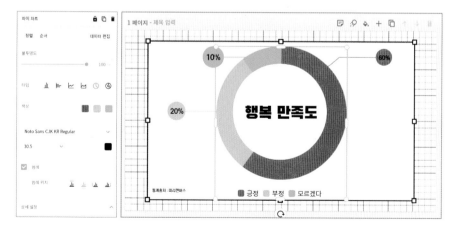

016 고품질 이미지 무료로 사용하기

단순한 글의 나열보다는 시각적인 언어로 짧고 명료하게 말하는 것이 효과적인 경우가 많으며, 현대에는 이미지와 동영상이 자주 활용됩니다. 그러나 시간과 비용의 문제로 인해 현실적으로 필요한 모든 이미지를 찍고 만들 수는 없습니다. 저작권에 위반되지 않고 상업적으로 이용이 가능한 무료 이미지와 동영상을 찾는 방법을 알아봅니다.

◇ 고품질 무료 이미지, 영상 제공 사이트

픽사베이(Pixabay)

픽사베이는 세계 최대 규모의 무료 스톡 이미지와 동영상 사이트입니다. 매일매일 새로운 이미지와 동영상이 올라오고 있으며 99만 장이 넘는 고퀄리티의 사진과 동영상을 제공하고 있습니다. 한국어도 지원하기 때문에 이용자들은 한국어로 키워드를 검색하여 다운로드받아서 사용하는 것이 가능합니다. 키워드 검색 시 상단에 보이는 이미지와 동영상은 유료로 다운로드하는 스폰서 사이트 광고 영역입니다. 이 부분만 주의해 다운로드받아서 이용합니다.

▲ 픽사베이(pixabay.com/ko)

픽셀즈(Pixels)

픽셀즈도 픽사베이 못지않게 세계의 많은 사람이 이용하는 무료 스톡 이미지와 동영상 사이트입니다. 매일매일 새로운 이미지와 동영상이 올라오고 있으며 방대한 양질의 사진과 동영상을 제공하고 있습니다. 픽사베이와 유사하게 한국어를 지원하기 때문에 이용자들은 키워드 검색을 통해 다운로드받아서 사용하는 것이 가능합니다.

▲ 픽셀즈(pexels.com/ko-kr)

◇ 무료 벡터, 아이콘 제공 사이트

플랫티콘(Flaticon)

플랫티콘은 세계 최대 규모의 무료 벡터 이미지 사이트입니다. 실제 사진이 아닌 아이콘, 스티커 등 2D 그래픽 디자인에 가까운 요소를 제공하고 있습니다. 매일매일 새로운 벡터 이미지가 올라오고 있으며, 한국어도 지원하기 때문에 이용자들은 키워드 검색을 통해 원하는 벡터 이미지를 투명 배경 이미지 형식(png)으로 다운로드받는 것이 가능합니다.

▲ 플랫티콘(flaticon.com)

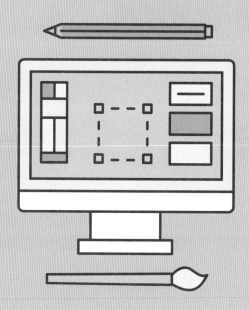

웹 기반의 디자인 도구인 망고보드는 디자인에 대한 필
요성을 상호 보완하는 느낌으로 채워 줄 수 있습니다.
다양하고 실용적이면서 업무에 세분화된 디자인 기능
이 많은 망고보드를 통해 여러분의 디자인을 좀 더 업그
레이드할 수 있을 것입니다.

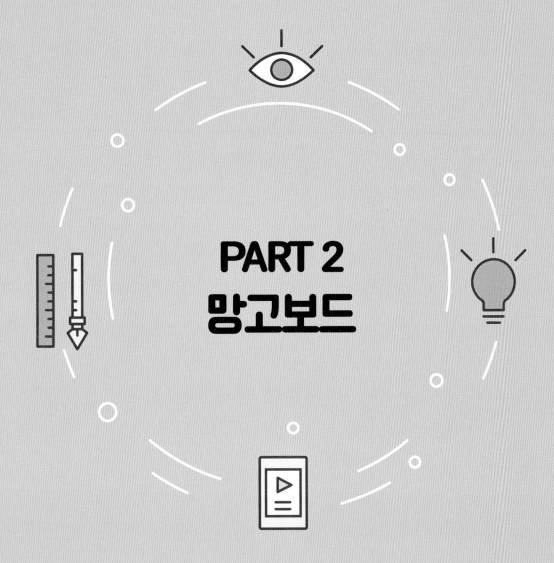

PART 2
망고보드

CHAPTER 1

망고보드
시작하기

미리캔버스보다 조금 더 일찍 디자인 템플릿 시장에 진출한 사이트가 있습니다. 바로 '망고보드'입니다. 망고보드도 미리캔버스와 비슷한 디자인 플랫폼으로 디자인에 익숙하지 않는 초보자부터 시간을 아껴야 하는 전문가까지 다양한 사람들이 이용할 수 있는 사이트입니다. 망고보드의 개요와 저작권 규정에 대해 알아보고 망고보드에 회원가입하는 방법을 알아봅니다.

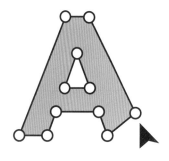

001 망고보드의 필요성

망고보드를 제한 없이 이용하기 위해서는 요금을 지불해야 하지만 그만큼 뛰어난 장점도 정말 많습니다. 앞서 살펴본 무료 디자인 템플릿 사이트인 미리캔버스와 비교하여 망고보드의 매력을 살펴봅니다.

◇ 미리캔버스와 다른 형태의 디자인 사이트

망고보드는 국내 최초 웹 기반 디자인 플랫폼 서비스로, 디자인 편집 툴과 다양한 템플릿과 디자인 요소를 무료 및 유료로 제공하는 사이트입니다. 미리캔버스가 전면 무료 디자이너 도우미라면 망고보드는 유료 디자이너 도우미라고 생각하면 됩니다. 대신 제공하는 기능이 미리캔버스에 비해 많고 기본적인 시스템은 유료라고 해도 무료로 다수의 기능을 이용할 수 있습니다.

◇ 다양한 디자인 기능 제공

텍스트에 긴 그림자를 넣거나 텍스트 안에 사진 질감을 적용할 수도 있으며 인공 지능이 사진의 배경을 자동으로 제거해 주는 등 미리캔버스에서는 제공하지 않는 다양한 기능을 이용할 수 있습니다. 망고보드를 통해 나의 콘텐츠를 더 넓은 디자인 기법으로 표현 가능합니다.

▲ 디자인 시 유용하게 활용되는 긴 그림자 디자인 효과

◇ 양질의 많은 콘셉트 템플릿

망고보드는 미리캔버스보다 3년 앞선 2016년부터 서비스를 시작한 디자인 템플릿 사이트입니다. 선두 주자답게 미리캔버스보다 훨씬 많은 양의 템플릿을 제공하고 있습니다. 웹툰 콘셉트, 일러스트 콘셉트, 모션

그래픽 템플릿 등 망고보드는 시간을 거듭할수록 광범위한 디자인 영역의 콘텐츠를 제공하고자 업데이트하고 있습니다.

▲ 웹툰 콘셉트의 학교에서 사용 가능한 포스터 템플릿

◇ 엑셀 및 구글 스프레드시트를 활용한 데이터 인포그래픽

인포그래픽을 만들 때, 데이터를 이용하여 디자인과 결합되는 경우가 많습니다. 망고보드에서는 데이터 값을 이용하여 시각적으로 변동하는 차트, 그래프, 표, 워드클라우드 등을 만들 수 있습니다. 또한 데이터를 활용하는 경우, 하나하나 값을 붙여 넣지 않더라도 개인적으로 작성한 엑셀 및 구글 스프레드시트에서 값을 복사 및 붙여 넣기하며 한번에 처리할 수 있습니다. 또한 디자인에 데이터와 지도, 표 등을 활용할 수도 있습니다.

▲ 데이터 입력 대화상자에 값을 입력하면 그래프를 만들 수 있습니다.

002 망고보드 무료 버전 살펴보기

망고보드를 막힘 없이 사용하려면 요금을 결제해야 합니다. 하지만, 망고보드에서 요금을 결제하지 않아도 몇 개의 기능은 제한 된 상태로 무료로 사용할 수 있습니다. 무료 버전에서는 어떠한 기능이 제한되는지 알아봅니다.

◇ 캔버스에 슬로건 및 URL 표시

망고보드 무료 버전에서는 그림과 같이 하단에 'Made with MANGOBOARD' 슬로건이 표시됩니다. 때에 따라서는 URL(링크)이 표시되기도 합니다. 무료 회원의 경우 망고보드로 만드는 모든 작업물에 슬로건 및 URL이 적용됩니다. 이 표시는 무료 회원이라면 어떠한 경우라도 절대 지울 수 없으며, 임의로 지워서 디자인을 활용하면 저작권 위반으로 망고보드 측에서 법적 책임을 물을 수 있습니다.

▲ 무료 회원은 캔버스 하단에 슬로건이 표시되어 있습니다.

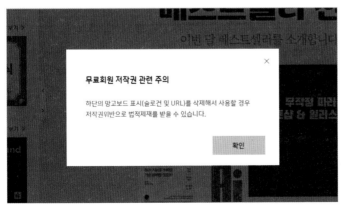

▲ 결과물 출력 시 표시되는 안내문

◇ 디자인 요소에 워터마크 표시

캔버스뿐만 아니라 디자인 요소(글꼴, 일러스트, 사진, 로고, 그래픽 등)에도 워터마크가 붙어 있습니다. 다만, 망고보드에서 제공하는 모든 요소에 워터마크가 표시되는 것은 아니며 유료 표시()가 붙어 있는 경우에만 워터마크가 표시됩니다. 유료 표시가 없는 요소의 경우에는 무료 회원도 자유롭게 사용할 수 있기 때문에 워터마크가 있는 이미지는 비슷한 종류의 무료 이미지로 교체해서 사용하는 것이 좋습니다.

▲ 필터에서 무료 또는 유료를 지정하여 검색할 수 있습니다.

◇ 다운로드 가능한 파일 형식 차이

기본적으로 jpg, png를 제외하고는 무료 회원이 다운로드받을 수 있는 파일의 형식이 다릅니다. 요금제에 따라 다운로드받을 수 있는 형식은 다음과 같습니다.

◇ 요금제별 제공 기능

워터마크 제거	무료	학생	일반	프로
유료 요소 워터마크	있음	워터마크 없음	워터마크 없음	워터마크 없음
프로 글꼴 워터마크	있음	있음	있음	워터마크 없음
기본 제공 기능				
작업저장 개수	10개	50개	무제한	무제한
업로드 용량	50 MB	200 MB	1 GB	20 GB

사용자 동영상, 음악, 글꼴 업로드	X	X	X	O
사용자 템플릿 보내기/받기	X	X	X	O
동영상				
동영상 작업 시 슬라이드 개수	10장(미리보기만 가능)	10장	15장	60장
MP4 다운로드 횟수	X	2회/일	6회/일	20회/일
GIF 다운로드 횟수	2회/일	5회/일	7회/일	20회/일
WebP 다운로드 횟수	X	X	X	20회/일
다운로드 가능 포맷				
JPG, PNG 이미지	O	O	O	O
PPTX	O	O	O	O
일반 이미지 PDF	X	O	O	O
인쇄용 벡터 PDF	X	X	O	O
투명 배경 PNG	X	X	O	O

◇ 작업 가능한 캔버스의 차이

무료 회원은 디자인 캔버스를 10개까지 생성할 수 있습니다. 따라서 10개의 캔버스를 생성하면 기존에 있
던 작업 캔버스는 나의 작업에서 삭제하고 진행해야 합니다. 참고로 학생 회원은 캔버스 생성 제한이 50개,
일반과 프로 회원은 캔버스 생성 제한이 무제한입니다.

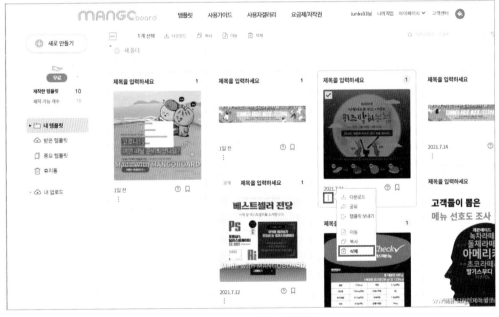

▲ 무료 회원은 기존에 있던 템플릿을 삭제하여 캔버스를 확보한 다음 작업을 진행합니다.

003 망고보드를 효과적으로 이용하는 방법

'무료 툴인 미리캔버스가 있는데, 굳이 망고보드를 써야 할까요?' 이런 의문이 들 수 있습니다. 망고보드는 어떤 상황에서, 어떻게 하면 효과적으로 이용할 수 있는지에 대해 알아봅니다.

◇ 미리캔버스와 망고보드는 상호 보완적인 관계

미리캔버스와 망고보드는 상호 보완 관계입니다. 무료인 미리캔버스에서 만들기 어렵거나 더 많은 기능을 이용하여 디자인해야 하는 경우 망고보드에서 작업하는 것이 좋은 경우도 많습니다. 미리캔버스에도 훌륭한 디자인 템플릿들이 많지만 망고보드에는 미리캔버스보다 훨씬 더 많은 양의 템플릿을 제공하기 때문에 미리캔버스에서 하기 어려운 작업을 망고보드에서 진행하는 것이 좋습니다. 예를 들어, 웹툰 스타일의 포스터를 만들고 싶다면 기존 작업 형태에서는 작가를 섭외하고 회의를 한 다음 스토리를 전달해 그림을 의뢰하고 그림을 받아야 합니다. 하지만, 이런 과정은 돈과 시간이 정말 많이 소모됩니다. 급하게 작업물을 받아야 하거나 이미 망고보드에 본인이 원하는 그림체가 있다면 바로 이용하여 제작할 수 있어 굉장히 유용합니다.

▲ 망고보드 웹툰 스타일의 포스터

◇ 빠르고 저렴하게 만드는 디자인

직장이나 운영하는 가게에서 급하게 디자인이 필요할 때나 온라인 홍보 게시물을 멋지게 만들고 싶을 때, 전문 디자이너에게 맡기기에는 비용이 부담스러운 경우 망고보드를 이용해서 급한 불을 끌 수 있습니다. 망고보드에서는 최소 이용 단위를 일주일 단위로 결제할 수 있으므로 필요하다면 일주일만 이용하는 것도 하나의 효율적인 방법이 될 수 있습니다.

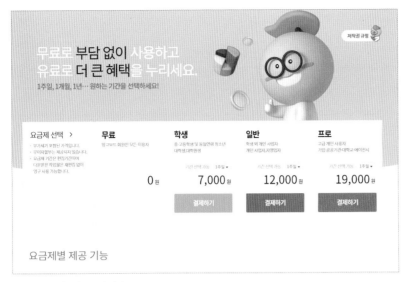

▲ 망고보드 일주일 요금제 가격

◇ 무료 이미지 사이트 활용

망고보드를 이용한다고 무조건 망고보드 내에 있는 요소만 활용할 필요는 없습니다. 유료 회원으로 결제하는 것도 하나의 방법이지만 결제하는 것이 부담된다면 망고보드의 유료 요소들을 저작권 무료 이미지 사이트에서 다운로드한 요소들로 바꿔서 사용하는 것도 하나의 방법이 될 수 있습니다. 'Pexels'나 'Pixabay', 'Flaticon' 등에서 요소를 다운로드받고 망고보드에 업로드하여 사용하도록 합니다.

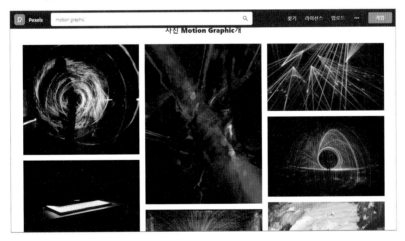

▲ 저작권 무료 스톡 사이트 Pexels

망고보드의 저작권

망고보드를 이용할 때 조심해야 하는 개념인 저작권에 대해 살펴보고 주의해야 할 점을 알아봅니다.

디자인 요소 저작권

망고보드에서 제공하는 요소는 망고보드가 업체와 정식 계약을 맺고 제공하는 것들입니다. 망고보드 회원은 해당 디자인 요소를 이용하여 템플릿을 자유롭게 수정, 편집할 수 있습니다. 망고보드로 디자인하여 다운로드받은 결과물은 다음의 조건을 준수하는 가정하에 자유롭게 웹에 게시 및 공유하거나 인쇄물로 제작하여 상업적인 용도로 사용할 수 있습니다.

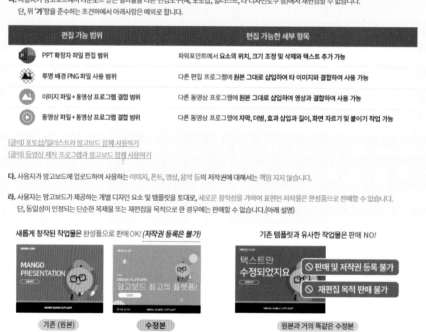

가. 망고보드에서 제공하는 디자인요소는 단일요소(예:사진1장, 아이콘1개등)로 다운로드하여 사용할 수 없으며 2개이상의 결합물만 다운로드하여 사용할 수 있습니다.

단일 요소 다운로드 및 이용 NO!   여러 요소들로 결합된 작업물 or 템플릿 OK!

나. 사용자가 망고보드에서 다운로드 받은 결과물을 다른 편집도구(예, 포토샵, 일러스트, 타 디자인도구 등)에서 재편집할 수 없습니다.
단, 위 '**가**'항을 준수하는 조건하에서 아래사항은 예외로 합니다.

편집 가능 범위	편집 가능한 세부 항목
PPT 확장자 파일 편집 범위	파워포인트에서 요소의 위치, 크기 조정 및 삭제와 텍스트 추가 가능
투명 배경 PNG 파일 사용 범위	다른 편집 프로그램에 원본 그대로 삽입하여 타 이미지와 결합하여 사용 가능
이미지 파일 + 동영상 프로그램 결합 범위	다른 동영상 프로그램에 원본 그대로 삽입하여 영상과 결합하여 사용 가능
동영상 파일 + 동영상 프로그램 결합 범위	다른 동영상 프로그램에 자막, 더빙, 효과 삽입과 길이, 화면 자르기 및 붙이기 작업 가능

(클릭) 포토샵/일러스트와 망고보드 함께 사용하기
(클릭) 동영상 제작 프로그램과 망고보드 함께 사용하기

다. 사용자가 망고보드에 업로드하여 사용하는 이미지, 폰트, 영상, 음악 등의 저작권에 대해서는 책임 지지 않습니다.

라. 사용자는 망고보드가 제공하는 개별 디자인 요소 및 템플릿을 토대로, 새로운 창작성을 가하여 표현된 저작물은 완성품으로 판매할 수 있습니다.
단, 동일성이 인정되는 단순한 복제물 또는 재편집을 목적으로 한 경우에는 판매할 수 없습니다.(아래 설명)

새롭게 창작된 작업물은 완성품으로 판매 OK! *(저작권 등록은 불가)*   기존 템플릿과 유사한 작업물은 판매 NO!

기존 (원본)   수정본   원본과 거의 똑같은 수정본

요금제에 따른 저작권

무료 회원의 경우 콘텐츠에 표시된 워터마크, 로고, 슬로건 및 URL 등을 제거할 수 없습니다. 유료 회원의 경우 다운로드한 작업물은 유료 기간이 끝나도 재편집이 없는 한 영구적으로 사용 가능합니다. 다만, 작업 결과물은 상업적으로 이용할 수 있지만, 상표권이나 저작권 등록과 같이 결과물의 소유권을 주장할 수 없습니다.

▲ 무료 회원에게 표시되는 워터마크, 로고, 슬로건 및 URL

글꼴 저작권 규정

망고보드에서 제공되는 글꼴 중 다음 글꼴은 저작권사가 제시한 제약 사항이 있습니다. 제약 사항은 반드시 확인하고 지켜야 합니다.

글꼴명		제약사항
빙그레체	빙그레체2	CI/BI(회사명, 브랜드명, 상품명, 로고, 마크, 슬로건, 캐치프레이지 등) 용도로 사용 금지 저작권자 : 빙그레 http://www.bingfont.co.kr/about-samanco.html 임팩타민(대웅제약) http://www.impactamin.kr/fontsite/#Layerpopup 예스(예스24) http://www.yes24.com/campaign/00_corp/2019/0930Yesfont.aspx 한돈 https://www.han-don.com/handon_platform/index.php?mode=handon_fonts 롯데마트 http://company.lottemart.com/bc/service/htmlView.do?menuCd=BM0307 위메프 http://company.wemakeprice.com/wmp/brand 티머니 https://www.tmoney.co.kr/aeb/cmnctn/ci/ci.dev
빙그레 따옴체	빙그레 메로나체	
빙그레 싸만코	임팩타민	
예스	예스 고딕	
예스 명조	한돈 삼겹살	
롯데마트행복	롯데마트드림	
위메프	티머니 둥근바람	
DW임팩타민체	더페이스샵 잉크립퀴드	
가나초콜릿		회사명, 브랜드명, 상품명의 로고는 변형 사용 권장 저작권자 : 롯데제과 https://www.lotteconf.co.kr/?mn=020600
쿠키런(딩벳)		2020.11.01부터 게임산업군 (PC/모바일)에 사용 금지(2차 저작물 포함), 쿠키런 딩벳 상업적 사용 금지 저작권자 : 데브시스터즈 https://www.cookierunfont.com/#section7
헬스셋고딕	헬스셋 조릿대	CI/BI 제작 시 별도 계약 필요, 방송 프로그램 및 영화 자막 금지 저작권자 : 한그리아글꼴 http://shop2.hangria.cafe24.com/article/%EA%B3%A0%EA%B0%9D%EB%AC%B8%EC%9D%98/5/34/

독립서체 안중근	독립서체 한용운	CI/BI 제작 시 문의 후 사용 저작권자 : GS칼텍스https://www.gscaltex.com/kr/ customersupport/contactus
독립서체 백범김구	독립서체 윤봉길	
독립서체 윤동주 별헤는밤	독립서체 윤동주 서시	
넥센타이어		저작권자에게 부정적 영향을 미칠 수 있거나 반사회적 제작물(음란물) 사용 불가 저작권자 : 넥센타이어 https://www.nexentire.com/kr/ communication/download/font/index.php
발레리나	발레리노	
가로수	로케트	방송 송출 불가(유튜브는 가능), TV, 게임, CF 사용 금지
치어리더	피오피네모OL	
양진체		양진체 글꼴'만'으로 제작된 상품은 판매하실 수 없습니다. (20년4월14 일 추가) 예시1) 다른 글꼴이나 일러스트레이션 요소 없이 양진체만으로 구성된 스티커팩을 제작, 판매하는 경우 예시2) 다른 글꼴나 일러스트레이션 요소 없이 양진체만으로 구성된 이모티콘 팩을 제작, 판매하는 경우 저작권자 : 김양진 http://supernovice.org/font/?ckattempt=3
스웨거(글리프)		글리프 글자체는 비상업적인 용도에 한해 사용이 가능합니다. 저작권자 : 스웨거 http://swagger.kr/font_license.html
레시피코리아 레코		게임/유료소프트에 사용 시 출처 표기 시 사용 가능 저작권자 : 레시피코리아 http://recipekorea.com/bbs/board. php?bo_table=ld_0308&wr_id=2479

004 망고보드 회원가입하기

망고보드는 기본적으로 사이트에 접속하여 회원가입을 해서 이용해야 하는 회원 제도입니다. 망고보드를 이용하기 전에 회원가입하는 방법을 알아봅니다.

01 쾌적한 환경에서 망고보드를 이용하기 위해 '크롬 브라우저'를 통해 망고보드에 접속하는 것이 좋습니다. 크롬 브라우저(google.co.kr/chrome)에 접속한 다음 〈Chrome 다운로드〉를 클릭해 다운받아 설치합니다.

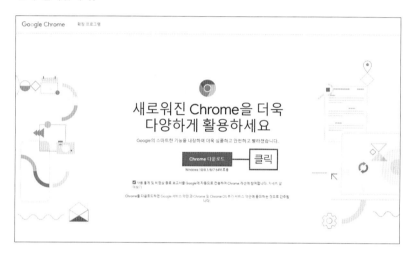

02 크롬 브라우저를 실행하고 망고보드(mangoboard.net)에 접속합니다. 망고보드에서 디자인하고 결과물을 다운받기 위해서는 회원가입을 해야 합니다. 상단에 〈회원가입〉을 클릭합니다.

03 회원가입 대화상자가 표시되면 〈회원가입〉을 클릭합니다.

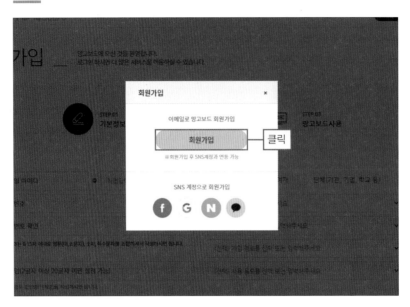

> **TIP** 페이스북이나 구글, 네이버, 카카오톡 계정이 있다면 SNS와 연동하여 회원가입을 진행해도 됩니다. SNS와 연동하면 조금 더 빠르게 회원가입을 완료할 수 있습니다.

04 회원가입 페이지로 이동하면 절차에 따라 요구하는 정보를 입력합니다.

05 하단에 이용약관 및 개인정보 수집 내용을 확인하고 체크 표시한 다음 〈등록하기〉를 클릭합니다.

06 등록한 이메일로 인증 메일이 발송됩니다.

07 입력한 이메일에 접속하여 망고보드에서 보낸 메일을 확인한 다음 〈이메일 인증하기〉를 클릭하면
회원가입이 완료됩니다.

08 회원가입을 완료한 시점부터 망고보드 무료 회원의 기능을 모두 이용할 수 있습니다.

005 망고보드 인터페이스

앞서 망고보드에 접속하고 회원가입하는 방법에 대해 알아보았습니다. 이번에는 망고보드의 전반적인 인터페이스를 알아봅니다.

◇ 망고보드 시작 화면

❶ **템플릿 :** 망고보드에서 제공하는 디자인 템플릿을 카테고리별로 확인할 수 있습니다. 모든 템플릿은 수정하여 사용할 수 있습니다.

❷ **사용가이드 :** 망고보드를 이용하는 방법에 대한 안내서가 항목별로 정리되어 있습니다. 동영상을 제공하기 때문에 좀 더 쉽게 따라 할 수 있습니다.

❸ **사용자갤러리 :** 사용자들이 만든 콘텐츠를 구경할 수 있습니다. 다른 사람들이 망고보드를 활용하는 방식이나 기획 및 디자인을 엿볼 수 있습니다.

❹ **요금제/저작권 :** 요금제 및 저작권에 대한 설명이 게시되어 있습니다.

❺ **고객센터 :** 망고보드를 이용하는 과정에서 궁금한 것을 문의하거나 자주하는 질문 등을 확인할 수 있습니다.

❻ **START :** 망고보드의 작업 화면으로 이동합니다.

❼ **나의작업 :** 저장된 템플릿을 삭제 및 관리할 때 이용합니다.

◇ 망고보드 작업 화면

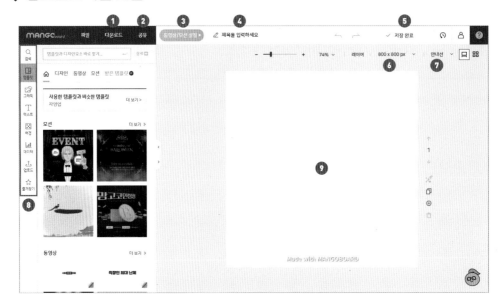

❶ **다운로드** : 결과물을 파일로 다운로드할 수 있습니다.

❷ **공유** : 디자인을 사이트에 공유합니다.

❸ **동영상/모션 설정** : 캔버스에 음악을 넣거나 화면 전환 애니메이션을 적용할 수 있습니다. 망고보드 무료 회원은 사용할 수 없습니다.

❹ **제목** : 현재 작업하는 디자인의 프로젝트 제목을 입력할 수 있습니다.

❺ **저장** : 프로젝트를 저장합니다. 기본적으로 자동 저장됩니다.

❻ **캔버스 크기** : 캔버스의 크기를 설정할 수 있습니다.

❼ **안내선** : 디자인을 정렬하거나 요소를 이동할 때 표시되는 보라색 선(자동 안내선) 및 연두색 선(수동 안내선)을 설정할 수 있습니다. 안내선은 균형 있는 디자인에 반드시 필요한 기능입니다.

❽ **메뉴** : 디자인에 필요한 도구들을 모아 놓은 툴바입니다. 선택된 메뉴에 따라 다양한 형태의 옵션이 활성화됩니다.

❾ **캔버스** : 작업이 시각적으로 표시되는 공간입니다. 디자인의 결과물은 캔버스에 표시된 것 그대로 출력됩니다.

SPECIAL PAGE

망고보드의 기본 기능으로
작업 과정 미리보기

망고보드는 디자인을 잘하지 못하는 사람도 디자인을 쉽게 할 수 있도록 도와주는 디자인 보조 툴입니다. 하지만 아무리 쉬운 툴이어도 망고보드에 익숙해지는 것이 우선입니다. 망고보드의 기본 기능을 알아봅니다.

• 예제 파일 : 02\수분.jpg, 수분크림.png

새 캔버스 만들기

새로운 디자인 작업을 위해서는 먼저 원하는 크기로 캔버스를 만들어야 합니다. 원하는 크기의 캔버스를 만드는 방법에 대해 알아보겠습니다.

01 새 디자인을 만들기 위해 캔버스를 만들어 보겠습니다. 망고보드 시작 화면에서 〈Start〉를 클릭합니다.

02 캔버스의 기본 크기가 800 × 800px 크기로 설정되어 있습니다. 상단에 〈캔버스 크기〉를 클릭하여 크기에 '800', '1200'을 입력한 다음 〈확인〉을 클릭합니다.

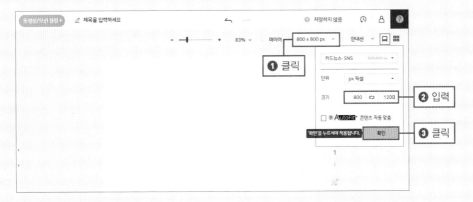

03 캔버스가 세로로 길게 변경됩니다. 제목에 원하는 내용을 입력한 다음 〈저장하기〉를 클릭합니다.
저장된 캔버스는 망고보드 시작 화면의 '최근 작업 내역'에서 확인이 가능합니다.

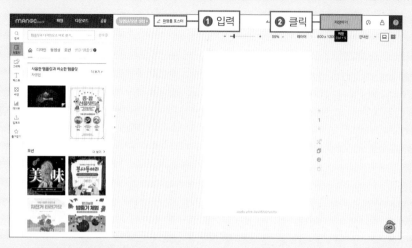

전문가의 조언 〈 **용량제한**

망고보드 시작 화면의 최근 작업 내역에서 저장된 캔버스를 확인할 수 있습니다. 해당 내역에 마우스 커서를
가져가 <편집하기>를 클릭하면 작업을 진행할 수 있습니다.

원하는 스타일로 배경 넣기

망고보드에는 다양한 무료 디자인 요소를 제공합니다. 검색 기능을 통해 원하는 스타일의 배경을 찾고 적용하는 방법을 알아보겠습니다.

01 검색창에 '분홍색', '바다', '물결', '파도'를 검색합니다. 〈요소〉에서 〈사진〉을 선택하면 사진으로 된 요소만 표시됩니다. 그림과 같은 '바다' 요소를 선택합니다.

TIP 동일한 요소를 찾을 수 없는 경우 비슷한 요소를 사용하면 됩니다.

02 캔버스에 선택한 바다 요소가 표시되면 해당 요소를 선택한 다음 〈슬라이드 배경으로 설정〉을 클릭합니다. '바다' 요소가 캔버스의 배경으로 설정됩니다.

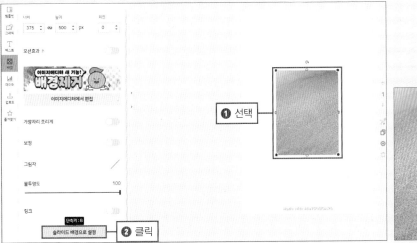

내 PC에 저장된 사진 불러오고 디자인하기

망고보드에서 제공하는 요소만 활용할 수도 있지만 내 PC에 저장된 사진을 불러와 사용할 수 있습니다. 불러온 사진은 크기를 조절하거나 위치를 이동하여 디자인 구성을 할 수 있습니다.

01 내 PC에 저장된 사진을 망고보드로 불러오기 위해 메뉴에서 〈⬆업로드〉를 클릭한 다음 〈파일 업로드〉를 클릭합니다.

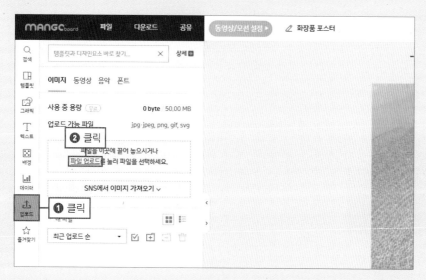

02 열기 대화상자가 표시되면 02 폴더에서 '수분.jpg'과 '수분크림.png' 파일을 선택한 다음 〈열기〉를 클릭합니다.

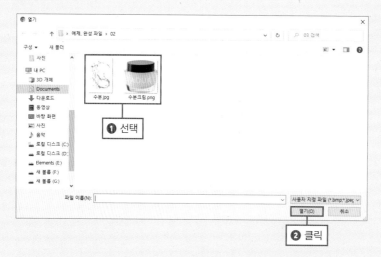

03 불러온 사진을 선택하면 캔버스에 표시됩니다.

04 사진을 클릭하면 조절점이 표시됩니다. Alt 를 누른 상태로 조절점을 드래그하면 가로와 세로 비율을 균등하게 크기를 조절할 수 있습니다.

05 불러온 사진 중 다음과 같은 사진을 선택하여 캔버스에 표시합니다. 사진을 선택한 다음 〈이미지에 디터에서 편집〉을 클릭합니다.

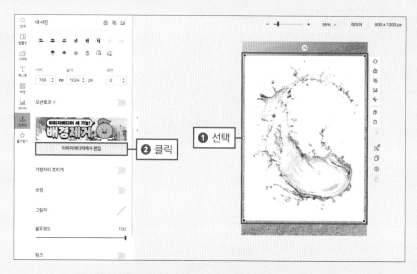

TIP 피사체와 배경의 경계가 뚜렷한 사진의 경우 배경을 손쉽게 제거할 수 있습니다.

06 이미지에디터 대화상자가 표시되면 〈배경제거〉를 클릭한 다음 〈배경 제거〉를 클릭합니다. 사진의 흰색 배경이 자동으로 제거됩니다.

07 배경이 제거된 사진을 확인한 다음 〈◀ 돌아가기〉를 클릭합니다.

> **TIP** 이미지로 저장하고 에디터로 돌아간다는 경고 메시지가 표시되면 〈저장〉을 클릭합니다. 저장한 이미지는 〈⬆ 업로드〉
> 에서 관리 및 재사용이 가능합니다.

08 배경이 제거된 상태로 캔버스에 사진이 표시됩니다.

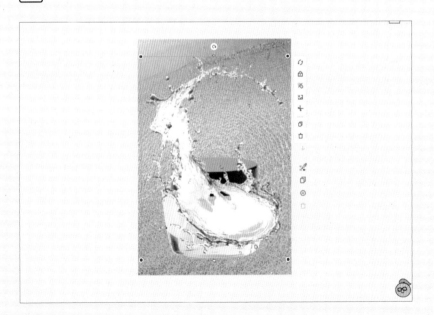

> **TIP** 사진에 가장자리 흐리게, 보정, 그림자, 불투명도 등의 효과를 적용할 수 있습니다.

텍스트 입력하고 배치하기

망고보드에서 제공하는 글꼴을 활용해 원하는 텍스트를 입력할 수 있습니다. 입력한 텍스트는 크기부터 색상, 정렬을 자유롭게 변경할 수 있습니다.

01 메뉴에서 〈T 텍스트〉를 클릭한 다음 '제목 텍스트 추가하기'를 선택합니다. 캔버스에 제목용 텍스트가 표시됩니다.

02 샘플 텍스트를 더블클릭하여 텍스트를 수정할 수 있습니다.

03 텍스트를 원하는 글꼴과 크기로 변경할 수도 있습니다.

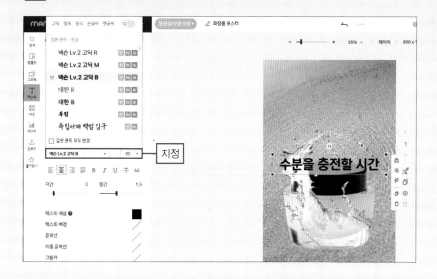

04 텍스트를 드래그하여 위치를 조절할 수 있습니다. 보라색 안내선을 참고하여 좌우 여백을 균등하게 조절할 수 있습니다.

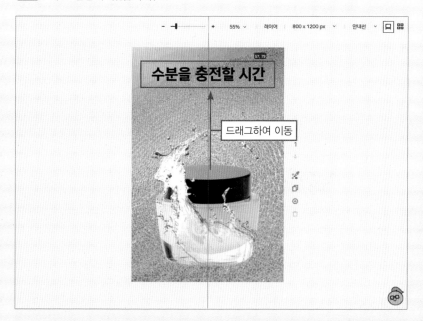

05 '본문 텍스트 추가하기'를 선택하면 캔버스에 본문용 텍스트가 표시됩니다.

06 같은 방법으로 원하는 내용을 다음 위치를 조절합니다.

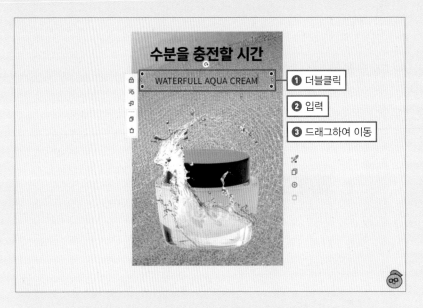

TIP 텍스트의 글꼴과 크기뿐만 아니라 색상, 그림자, 윤곽선 등을 추가로 적용할 수 있습니다.

작업한 디자인을 파일로 저장하기

작업을 완료한 디자인은 사용 목적에 따라 다양한 파일 형태로 저장할 수 있습니다. 가장 일반적인 JPG 이미지 파일로 저장해 봅니다.

01 디자인을 이미지 파일로 저장하기 위해 상단에 〈다운로드〉를 클릭합니다. 무료회원 저작권 관련 주의 대화상자가 표시되면 〈확인〉 버튼을 클릭합니다.

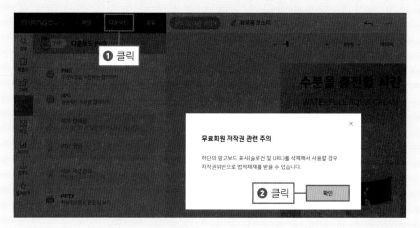

TIP 유료 회원의 경우에는 해당 대화상자가 표시되지 않습니다.

02 다양한 파일 형식이 표시되면 〈JPG〉를 선택합니다. 크기를 〈1배〉로 선택하고 〈다운로드〉를 클릭 하면 다운로드가 진행되며 컴퓨터에 해당 디자인이 저장됩니다.

TIP 크기를 선택하면 기존 캔버스 크기를 기준으로 크기가 커집니다.

망고보드
무료 버전에서
디자인하기

망고보드는 기본적으로 유료 디자인 툴이지만 무료로도 일부
사용할 수 있는 기능들이 많습니다. 망고보드의 무료 기능들을
활용하여 상업적으로 이용이 가능한 디자인, 포스터, 인포그래
픽 등을 쉽고 빠르게 디자인하고 완성해 봅니다.

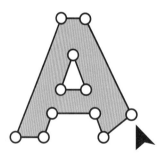

001 긴 그림자 텍스트의 대학 축제 현수막 만들기

망고보드는 매력적인 기능을 많이 제공합니다. 그중 하나로 긴 그림자 텍스트가 있습니다. 긴 그림자 텍스트를 이용하여 가독성이 높은 현수막 디자인을 완성해 봅니다.

◇ 원하는 템플릿 불러오기

01 망고보드의 시작 화면에서 〈템플릿〉을 클릭합니다.

02 템플릿에서 용도에 따라 다양한 디자인을 선택할 수 있습니다. 〈현수막〉을 선택한 다음 'SUMMER NIGHT MUSIC FESTIVAL' 템플릿을 선택합니다.

TIP 스크롤을 아래로 내리면 더 많은 템플릿을 확인할 수 있습니다.

03 템플릿을 편집하기 위해 〈이 템플릿 편집하기〉를 클릭합니다.

◇ 텍스트 수정하기

01 선택한 디자인의 템플릿이 캔버스에 표시됩니다. 가운데 축제 제목에 긴 그림자를 적용하기 위해 'SUMMER NIGHT MUSIC FESTIVAL' 텍스트를 선택합니다. 그림자의 색상을 '연한 분홍색(#FFC2C2)'으로 변경합니다.

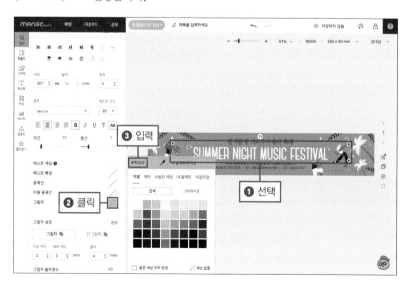

02 그림자의 색상을 선택하면 하단에 그림자 설정 항목이 표시됩니다. 〈긴 그림자〉를 선택하면 텍스트에 긴 그림자가 표시됩니다.

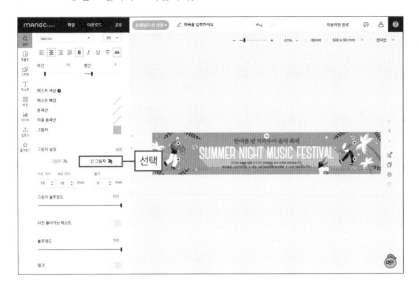

> **TIP** 긴 그림자는 디자이너들도 많이 이용하는 디자인 중 하나로 세련된 디자인을 만들어야 하는 경우 사용하면 효과적입니다.

03 그림자의 길이를 설정할 수도 있습니다. 그림자 설정에서 가로 거리와 세로 거리를 '35mm'로 변경하면 그림자가 길어지는 것을 확인할 수 있습니다.

04 기획에 맞게 텍스트를 변경합니다. 텍스트를 더블클릭하여 그림과 같이 입력합니다.

◇ 원하는 디자인 요소 적용하기

01 캔버스의 왼쪽에 배치된 요소를 선택한 다음 〈비슷한 요소〉를 클릭합니다.

02 기존 요소와 비슷한 종류의 요소들이 표시됩니다. 검색창에 '음악'을 입력한 다음 Enter를 누릅니다.

03 〈필터〉를 클릭하여 보기 설정을 〈무료〉로 선택합니다. 무료로 사용 가능한 음악 관련 요소들만 표시됩니다.

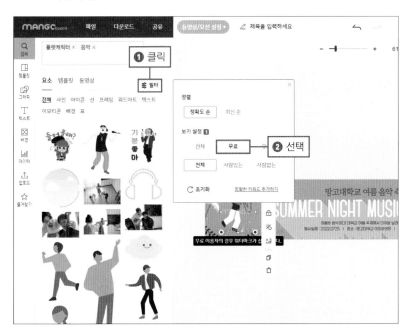

TIP 망고보드를 무료 버전에서 이용할 경우 일러스트나 글꼴 등의 요소에 워터마크가 표시되지만 유료 버전을 사용할 경우에는 워터마크가 표시되지 않습니다.

04 그림과 같이 '노래 부르는 곰' 요소를 선택하면 캔버스에 표시됩니다. 기존에 워터마크가 표시된 사람 요소를 선택한 다음 Delete 를 눌러 삭제합니다.

TIP 검색창에 키워드를 검색하면 특정 요소를 빠르게 찾을 수 있습니다.

05 새로 추가한 '노래 부르는 곰' 요소를 적당한 위치에 배치합니다. 유료 버전을 이용하면 더 많은 종류의 요소를 사용할 수 있으므로 필요한 경우 결제하여 사용하도록 합니다.

002 계절감 있는 행사 포스터 만들기

텍스트에 사진 질감을 적용할 수 있습니다. 밋밋한 텍스트에 겨울 느낌의 텍스처를 채워 행사 포스터를 만들어 봅니다.

01 망고보드의 시작 화면에서 〈템플릿〉을 클릭합니다.

02 템플릿에서 용도에 따라 다양한 디자인을 선택할 수 있습니다. 〈포스터·전단〉을 선택한 다음 검색창에 '크리스마스'를 검색합니다.

03 그림과 같은 크리스마스 템플릿을 선택한 다음 편집하기 위해 〈이 템플릿 편집하기〉를 클릭합니다.

> **TIP** 키워드를 조합하여 검색하면 템플릿을 더 쉽게 찾을 수 있습니다.

◇ 템플릿 크기 변경하기

01 가로와 세로 크기가 같은 정방형 사이즈의 템플릿이지만 포스터 크기로 변경할 수 있습니다. 상단에 〈캔버스 크기〉를 클릭한 다음 〈카드뉴스·SNS〉를 클릭합니다.

02 다양한 종류의 캔버스 크기가 표시되면 〈포스터〉를 선택합니다. 디자인 요소들을 캔버스와 균일한 비율로 조절하기 위해 'AutoFit 콘텐츠 자동 맞춤'을 체크 표시한 다음 〈확인〉을 클릭합니다.

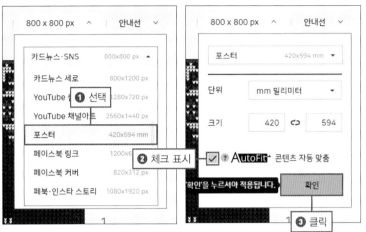

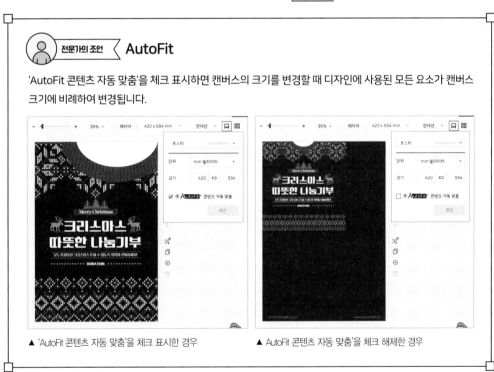

전문가의 조언 **AutoFit**

'AutoFit 콘텐츠 자동 맞춤'을 체크 표시하면 캔버스의 크기를 변경할 때 디자인에 사용된 모든 요소가 캔버스 크기에 비례하여 변경됩니다.

▲ 'AutoFit 콘텐츠 자동 맞춤'을 체크 표시한 경우   ▲ AutoFit 콘텐츠 자동 맞춤'을 체크 해제한 경우

◇ 텍스트 안에 질감 사진 넣기

01 현재 텍스트는 유료 버전에서만 사용이 가능한 글꼴이므로 무료 글꼴로 변경합니다. '크리스마스 따뜻한 나눔기부' 텍스트를 선택한 다음 '검은고딕'을 검색하여 지정합니다.

02 상단에 스웨터의 목부분을 드래그하여 가운데로 이동합니다. 보라색 안내선을 기준으로 균형 있게 요소를 배치할 수 있습니다.

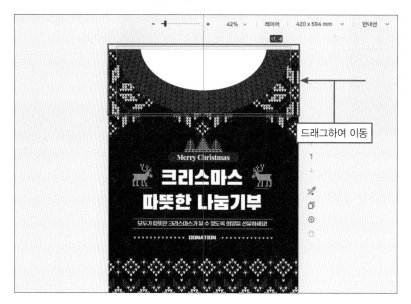

03 '크리스마스 따뜻한 나눔기부' 텍스트를 선택합니다. 〈사진 들어가는 텍스트〉를 활성화하면 텍스트 안에 사진을 넣을 수 있습니다.

04 메뉴에서 〈🔍검색〉을 클릭합니다. 검색창에 '눈'을 검색하고 〈요소〉에서 〈사진〉을 선택한 다음 그림과 같은 사진을 선택하여 캔버스에 표시합니다.

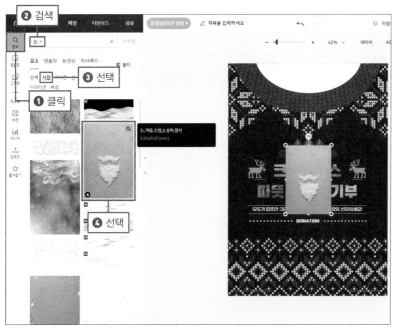

05 선택한 사진을 텍스트 쪽으로 드래그합니다. 사진이 텍스트 안으로 적용되었습니다.

06 텍스트를 더블클릭하여 그림과 같이 입력합니다. 필요한 경우 요소를 추가 및 제거하여 본인의 기획에 맞게 템플릿을 변형합니다.

003 헬스장 홍보 포스터 만들기

망고보드에서는 기본적으로 사진 및 일러스트와 관련된 다양한 요소를 제공하지만 직접 원하는 사진을 업로드하여 작업을 할 수
도 있습니다. 업로드한 사진을 템플릿과 결합하여 헬스장 홍보 포스터를 만들어 봅니다.

• 예제 파일 : 02\헬스장.jpg

01 망고보드의 시작 화면에서 〈템플릿〉을 클릭합니다.

02 템플릿 검색창에 '여름', '특가'를 검색한 다음 '여름 숙박 특가' 템플릿을 선택합니다.

03 디자인 템플릿을 편집하기 위해 〈이 템플릿 편집하기〉를 클릭합니다.

04 배경 사진을 변경하기 위해 하단 부분에 '건물' 사진을 선택한 다음 Delete 를 눌러 삭제합니다.

05 이번에는 배경에 '야경' 사진을 선택한 다음 Delete를 눌러 삭제합니다.

◇ 내 PC에 저장된 사진 불러오기

01 컴퓨터에 있는 파일을 망고보드로 가져오기 위해 메뉴에서 〈⬆업로드〉를 클릭한 다음 〈파일 업로드〉를 클릭합니다. 열기 대화상자가 표시되면 02 폴더에서 '헬스장.jpg' 파일을 선택한 다음 〈열기〉를 클릭합니다.

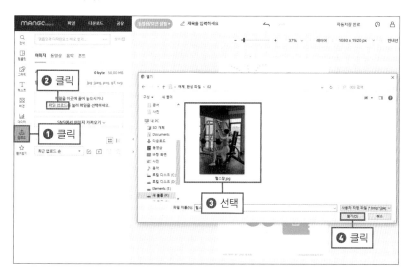

02 불러온 '헬스장' 사진을 선택하면 캔버스에 사진이 표시됩니다.

03 '헬스장' 사진을 선택한 다음 〈슬라이드 배경으로 설정〉을 클릭합니다.

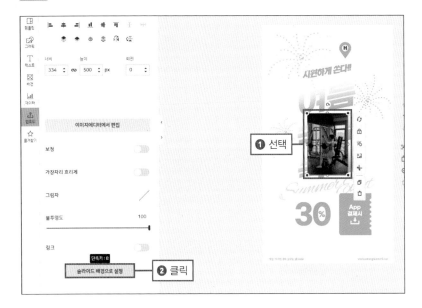

04 사진이 배경으로 설정됩니다. 배경을 선택한 다음 〈보정〉을 활성화합니다.

05 텍스트의 가독성을 높이기 위해 〈기본 필터〉에서 '흑백'을 선택합니다.

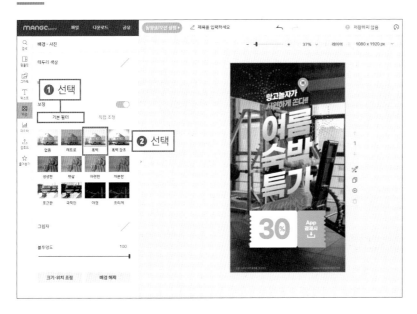

06 텍스트를 더블클릭하여 그림과 같이 입력합니다. 필요한 경우 요소를 추가 및 제거하여 본인의 기획에 맞게 템플릿을 변경합니다.

사진 쉽게 보정하기

전문가의 조언

망고보드의 필터 기능으로 사진을 손쉽게 보정할 수 있습니다. <기본 필터>의 설정이 마음에 들지 않는다면 <직접 조정>에서 옵션의 수치를 조절하여 원하는 결과물을 만들 수 있습니다.

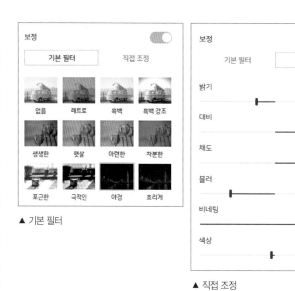

▲ 기본 필터

▲ 직접 조정

004 카카오맵으로 가게 안내 약도 만들기

디자인할 때 일일이 지도를 캡처하고 추출하여 사용하지 않아도 카카오맵을 활용하여 약도를 손쉽게 만들 수 있습니다. 망고보드에서 제공하는 카카오맵을 이용하여 회사나 가게 위치를 넣어 디자인해 봅니다.

01 망고보드의 시작 화면에서 〈템플릿〉을 클릭합니다.

02 템플릿 검색창에 '약도'를 검색한 다음 '직장인들이여 힘내라!' 템플릿을 선택합니다.

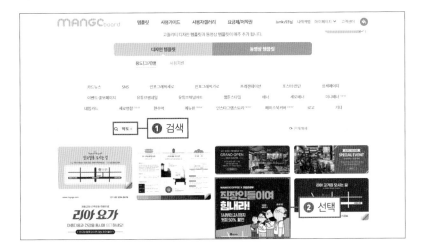

03 디자인 템플릿을 편집하기 위해 〈이 템플릿 편집하기〉를 클릭합니다.

04 선택한 디자인의 템플릿이 표시됩니다. Shift 를 누른 상태로 '직장인들이여 힘내라!' 텍스트와 주황색 배경을 제외한 모든 요소를 선택한 다음 Delete 를 눌러 삭제합니다.

05 '직장인들이여 힘내라!' 텍스트를 더블클릭하여 그림과 같이 입력합니다.

① 더블클릭

② 입력

👤 전문가의 조언 **부분 텍스트 서식 수정**

텍스트에서 바꾸고 싶은 부분을 블록으로 지정한 다음 색상을 변경하면 해당 부분의 텍스트만 서식이 수정됩니다.

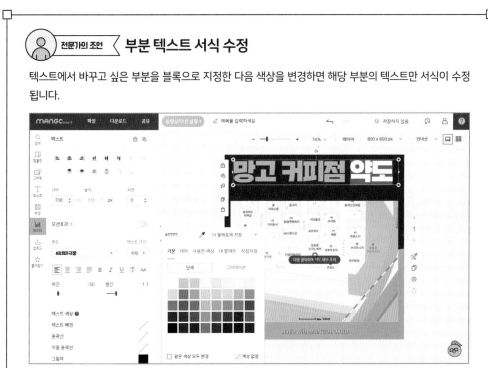

◇ 지도 삽입하기

01 '망고 커피점 약도' 텍스트를 드래그하여 보라색 안내선을 기준으로 위쪽 가운데에 배치합니다.

> **TIP** 보라색 안내선은 캔버스의 중앙이나 요소의 중앙에 표시되는 선으로, 보라색 안내선을 기준으로 균형 있게 배치할 수 있습니다.

02 메뉴에서 〈데이터〉를 클릭한 다음 〈카카오맵〉에서 그림과 같은 디자인의 지도를 선택하여 캔버스에 표시합니다.

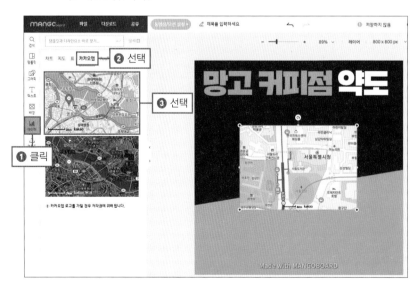

03 Alt 를 누른 상태로 지도의 조절점을 드래그하여 크기를 키운 다음 그림과 같이 위치를 조절합니다.

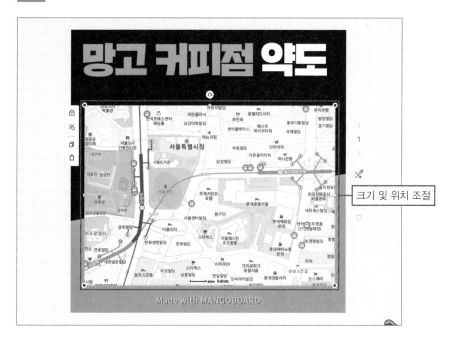

크기 및 위치 조절

TIP Alt 를 누른 상태로 조절점을 드래그하면 중앙을 기준으로 크기를 조절할 수 있습니다.

04 지도를 선택한 다음 〈주소 변경〉을 클릭합니다.

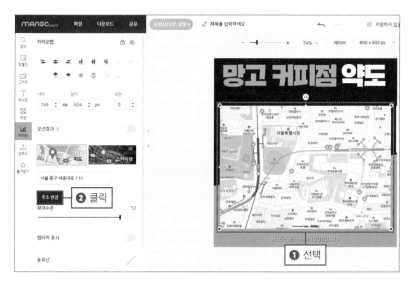

❷ 클릭

❶ 선택

05 원하는 주소를 입력한 다음 해당하는 주소를 클릭합니다.

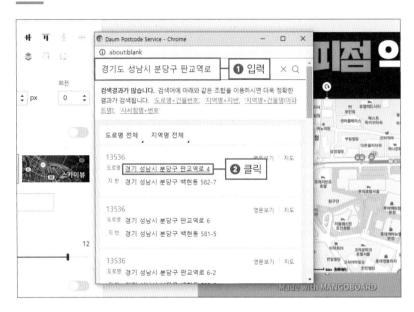

06 지도가 입력한 주소로 변경됩니다. 확대수준을 '14'로 설정한 다음 〈앱마커 표시〉를 클릭하여 활성화합니다. 지도가 확대되고 목적지를 표시하는 앱마커가 생성됩니다.

005 차트 삽입하여 카드 뉴스 만들기

엑셀 및 구글 스프레드시트를 연동하여 데이터가 들어가는 차트, 그래프, 표 등을 쉽게 만들 수 있습니다. 카드 뉴스에 들어가는 멋진 디자인의 그래프를 엑셀과 연동하여 만들어 봅니다.

• **예제 파일** : 02\하루 칼슘 섭취량.xlsx

01 망고보드의 시작 화면에서 〈템플릿〉을 클릭합니다.

02 〈카드뉴스〉를 선택한 다음 검색창에 '우유', '치즈'를 검색합니다. 'FRESH MILK' 템플릿을 선택합니다.

03 디자인 템플릿을 편집하기 위해 〈이 템플릿 편집하기〉를 클릭합니다.

04 하단에 텍스트를 더블클릭하여 그림과 같이 입력합니다.

05 상단에 'Every morning' 텍스트를 선택한 다음 Delete를 눌러 삭제합니다.

06 Shift를 누른 상태로 '현수막' 요소, 'FRESH MILK', '(400ml)' 텍스트를 선택한 다음 캔버스 위쪽으로 드래그하여 위치를 조절합니다.

07 Shift를 누른 상태로 '우유' 요소와 '치즈' 요소, 'Milk' 텍스트를 선택한 다음 Delete를 눌러 삭제합니다.

08 메뉴에서 〈🔍검색〉을 클릭한 다음 검색창에 '우유', '칼슘'을 검색합니다. 그림과 같이 '우유병' 요소를 선택하여 캔버스에 표시합니다.

09 '우유병' 요소의 조절점을 드래그하여 크기를 줄여 줍니다. 위치를 그림과 같이 배치합니다.

TIP [Alt]를 누른 상태로 조절점을 드래그하면 중앙을 기준으로 크기를 조절할 수 있습니다.

◇ 차트 삽입하기

01 메뉴에서 〈 데이터〉를 클릭합니다. 〈차트〉의 〈가로막대〉에서 그림과 같은 디자인의 차트를 선택하여 캔버스에 표시합니다.

02 그래프를 선택한 다음 조절점을 드래그하여 크기를 키워 줍니다. 그래프의 위치를 그림과 같이 조절합니다.

크기 및 위치 조절

03 차트 옆에 표시되는 팝업 메뉴에서 〈📊데이터 설정〉을 클릭합니다. 데이터를 입력할 수 있는 대화상자가 표시됩니다.

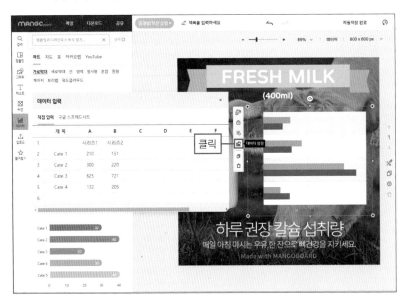

클릭

04 02 폴더에서 '하루 칼슘 섭취량.xlsx' 파일을 참고하여 데이터 입력 대화상자에 데이터를 입력합니다. 일일이 입력하지 않고 엑셀의 시트를 복사하여 데이터 입력 대화상자에 붙여 넣으면 시간을 절약할 수 있습니다.

> **TIP** Ctrl + C를 눌러 복사한 다음 Ctrl + V를 눌러 붙여 넣을 수 있습니다.

05 텍스트 색상을 '흰색(#FFFFFF)'으로 지정하면 차트를 구성하는 텍스트 요소들이 흰색으로 변경됩니다. 텍스트 크기 옆에 〈 ⌄ 펼침〉을 클릭합니다.

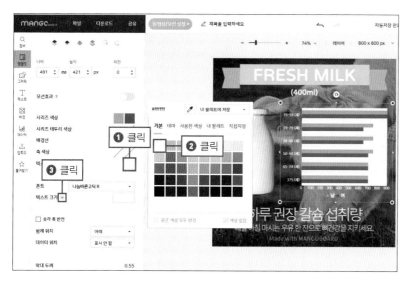

06 가독성을 높이기 위해 축과 범례를 '20'으로 설정합니다. 축과 범례의 텍스트가 커진 것을 확인할 수 있습니다.

07 시리즈 색상에서 진한 파란색을 '연한 분홍색(#FFC2C2)'으로 변경합니다. 차트에서 여자에 해당되는 계열이 연한 분홍색으로 변경되었습니다.

006 스프레드시트와 연동하여 영양성분표 만들기

구글 스프레드시트와 연동하여 데이터를 한꺼번에 처리할 수 있습니다. 해당 기능을 활용하여 쉽고 빠르게 제품 영양성분표를 만들어 봅니다.

• **예제 파일** : 02\시리얼 영양정보.xlsx

01 망고보드의 시작 화면에서 〈템플릿〉을 클릭합니다.

02 템플릿 검색창에 '영양', '성분'을 검색한 다음 '성분도 꼼꼼하게 Check' 템플릿을 선택합니다.

03 디자인 템플릿을 편집하기 위해 〈이 템플릿 편집하기〉를 클릭합니다.

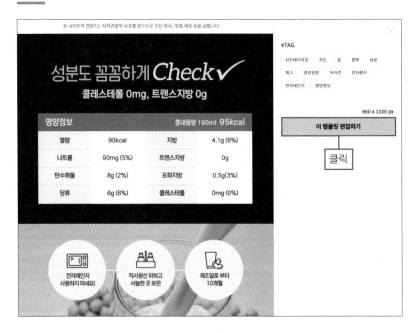

04 선택한 디자인 템플릿이 표시됩니다. 하단 부분에 요소들을 드래그하여 모두 선택한 다음 `Delete`를 눌러 삭제합니다.

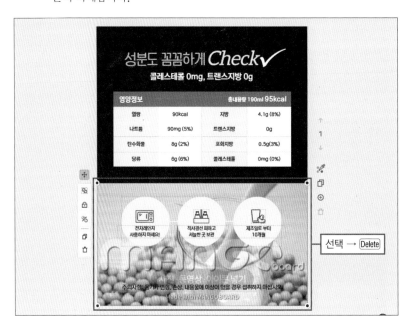

05 메뉴에서 〈🔍검색〉을 클릭한 다음 검색창에 '시리얼'을 검색합니다. 〈요소〉의 〈사진〉에서 그림과
같은 '시리얼' 요소를 선택하여 캔버스에 표시합니다.

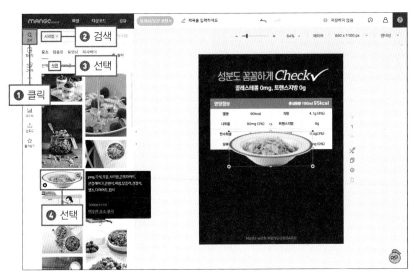

06 '시리얼' 요소를 아래로 드래그하여 적절한 위치에 배치합니다.

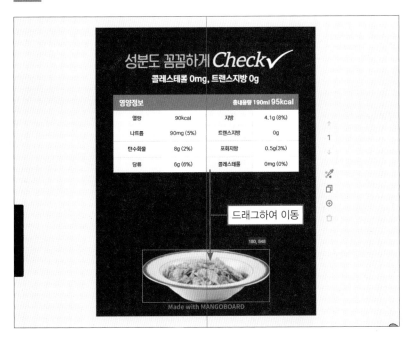

07 Alt 를 누른 상태로 조절점을 드래그하여 크기를 키워 줍니다.

08 망고보드 무료 버전의 경우 글꼴에 워터마크가 표시되는 경우가 있습니다. 이런 경우에는 무료 버전의 글꼴로 변경하여 사용해야 합니다. '성분도 꼼꼼하게' 텍스트를 선택한 다음 'HS 유지체'를 검색하여 지정합니다.

09 텍스트에 워터마크가 사라진 것을 확인할 수 있습니다.

◇ 구글 스프레드시트와 망고보드 연동하기

01 구글 스프레드시트에 접속한 다음 새 스프레드시트 시작하기에서 '내용 없음'을 선택하여 새 시트
를 만듭니다.

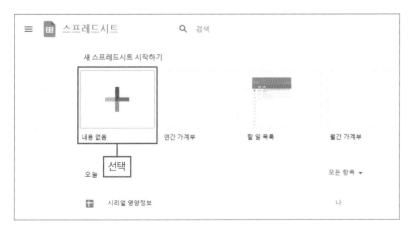

TIP 구글 스프레드시트에 접속하기 위해 우선 구글에 접속합니다. 오른쪽 상단에 <⠿ Google 앱>을 클릭한 다음 <스프레드
시트>를 클릭하여 스프레드시트에 접속합니다.

02 메뉴에서 〈파일〉의 〈열기〉를 선택합니다.

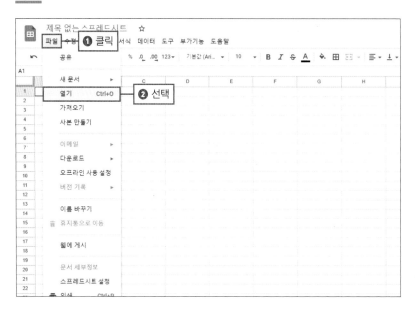

03 파일 열기 대화상자가 표시되면 〈업로드〉에서 〈기기의 파일 선택〉을 클릭합니다.

04 열기 대화상자가 표시되면 02 폴더에서 '시리얼 영양정보.xlsx' 파일을 선택한 다음 〈열기〉를 클릭합니다.

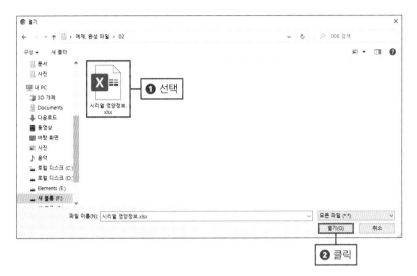

05 시트에 데이터가 표시됩니다. 데이터를 망고보드에 적용하기 위해 메뉴에서 〈파일〉의 〈웹에 게시〉를 선택합니다.

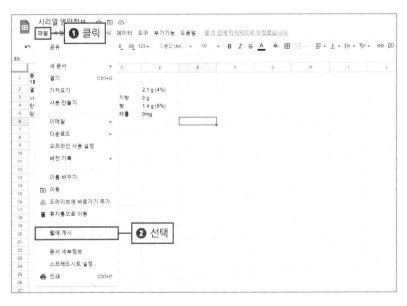

06 웹에 게시 대화상자가 표시되면 〈게시〉를 클릭합니다.

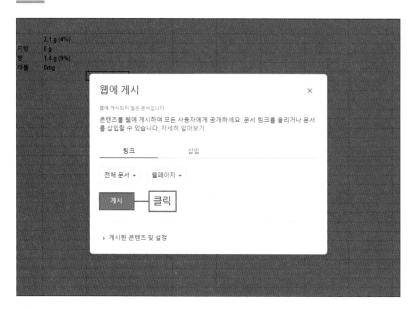

07 〈⊠ 닫기〉를 클릭하여 대화상자를 닫습니다.

08 상단에 구글 스프레드시트의 주소를 드래그하여 블록으로 지정한 다음 Ctrl + C 를 눌러 복사합니다.

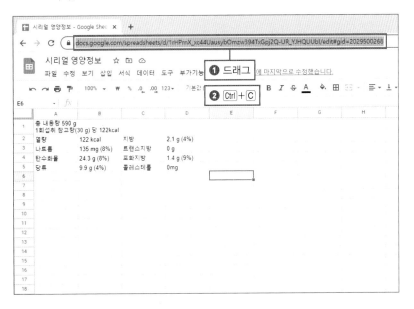

09 망고보드에서 표를 선택한 다음 〈 데이터 설정〉을 클릭합니다.

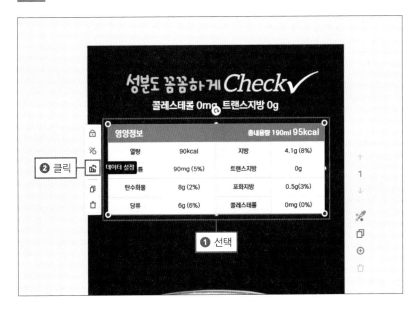

10 데이터 입력 대화상자가 표시되면 URL 입력에 Ctrl + V 를 눌러 복사한 구글 스프레드시트의 주소를 붙여 넣은 다음 〈연결〉을 클릭합니다. 표의 내용이 변경된 것을 확인한 다음 〈×닫기〉를 클릭합니다.

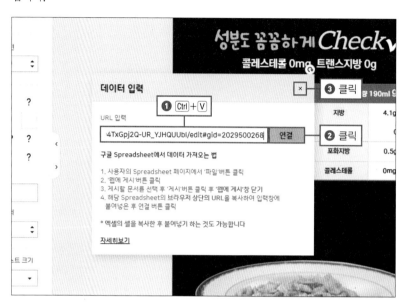

11 '영양정보' 텍스트를 드래그하여 표 위로 이동합니다.

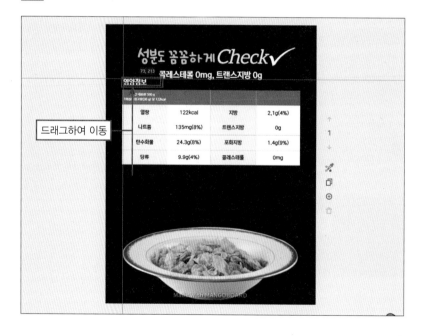

12 표를 더블클릭하면 표를 수정할 수 있습니다. 가장 위쪽 행의 셀들을 드래그하여 선택한 다음 〈⊞ 셀 병합〉을 클릭합니다.

13 4개의 셀이 하나로 병합됩니다. 병합된 셀에 입력된 텍스트를 드래그하여 선택한 다음 텍스트 크기를 '28'로 변경합니다. 〈▤ 오른쪽 맞춤〉을 클릭하여 텍스트를 오른쪽 정렬합니다.

14 이렇게 하면 표의 설정이 병합 전으로 돌아갑니다. 그 이유는 구글 스프레드시트가 연결되어 있어 자동으로 설정이 동기화되기 때문입니다. 표를 수정하기 위해 〈⬛데이터 설정〉을 클릭한 다음 〈해제〉를 클릭하여 연결을 해제합니다.

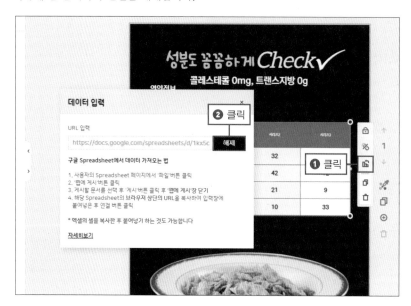

15 다시 표의 가장 위쪽 행을 병합하고 텍스트의 크기를 '28'로 조절한 다음 〈▣오른쪽 맞춤〉을 클릭합니다.

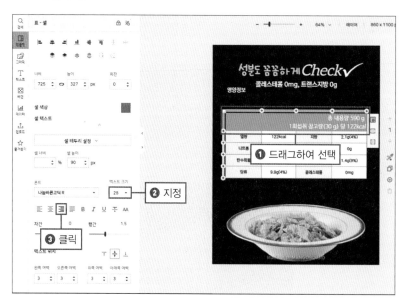

◇ 디자인 요소 추가하기

01 표를 드래그하여 그림과 같이 캔버스의 가운데로 이동합니다.

02 '영양정보' 텍스트를 드래그하여 표 왼쪽 상단으로 배치합니다.

03 메뉴에서 〈🔍검색〉을 클릭한 다음 검색창에 '자막바'를 검색합니다. 〈요소〉에서 〈도형〉을 선택한 다음 그림과 같은 '둥근 사각형' 요소를 선택합니다.

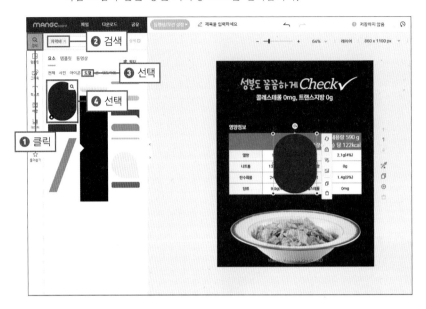

04 '둥근 사각형' 요소를 드래그하여 제목과 겹치게 배치합니다. Alt 를 누른 상태로 오른쪽 가운데 조절점을 드래그합니다.

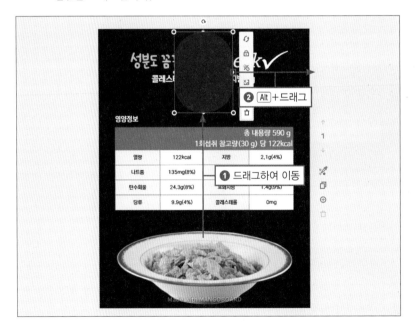

05 '둥근 사각형' 요소가 선택된 상태에서 〈 ◈ 가장 아래로〉를 클릭하여 도형을 제목 아래로 이동한 다음 색상을 '진한 청록색(#4181A1)'으로 지정합니다.

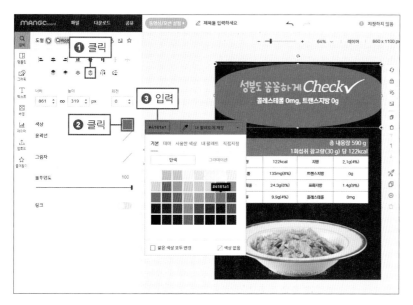

06 Shift를 누른 상태로 '둥근 사각형' 요소 안에 있는 모든 텍스트와 요소를 선택한 다음 가운데에 배치합니다. 보라색 안내선과 연두색 안내선을 기준으로 쉽게 위치를 조절할 수 있습니다.

007 정기 검진 체크리스트 만들기

표는 다양한 방향으로 응용할 수 있습니다. 일반적인 모양의 표는 단순한 정보 나열이지만, 표를 변형하여 디자인하면 고객에게 제공할 수 있는 체크리스트로 제작할 수 있습니다. 병원에서 내원자들에게 제공하는 체크리스트를 쉽게 만들어 봅니다.

01 망고보드의 시작 화면에서 〈템플릿〉을 클릭합니다.

02 템플릿 검색창에 '건강', '체크리스트'를 검색한 다음 '우울증 자가진단 해보기' 템플릿을 선택합니다.

03 디자인 템플릿을 편집하기 위해 〈이 템플릿 편집하기〉를 클릭합니다.

04 캔버스에 선택한 템플릿이 표시됩니다. 상단에 화면 비율을 '55%'로 지정하면 캔버스를 크게 확대할 수 있습니다.

05 워터마크가 표시된 표를 선택한 다음 Delete 를 눌러 삭제합니다.

선택 → Delete

06 캔버스에 남은 요소를 드래그하여 모두 선택한 다음 Delete 를 눌러 삭제합니다.

선택 → Delete

07 메뉴에서 〈▥데이터〉를 클릭한 다음 〈표〉의 〈체크리스트〉에서 그림과 같은 디자인의 체크리스트를 선택하여 캔버스에 표시합니다.

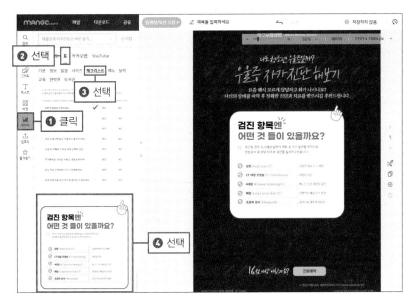

08 체크리스트를 선택하고 조절점을 드래그하여 크기를 키운 다음 그림과 같이 위치를 조절합니다.

09 '나도 청소년 우울증일까?' 텍스트를 선택한 다음 Delete 를 눌러 삭제합니다.

10 '우울증 자가 진단 해보기' 텍스트를 위로 드래그하여 위치를 조절합니다.

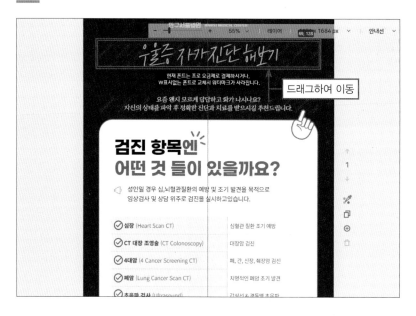

11 '우울증 자가 진단 해보기' 텍스트를 더블클릭하여 그림과 같이 입력한 다음 '교보손글씨 2019'로 지정합니다.

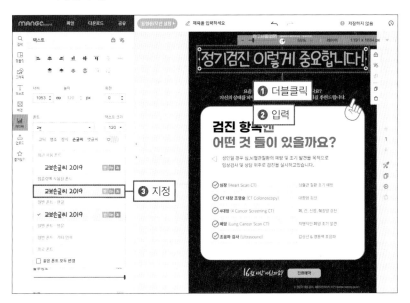

12 내용도 그림과 같이 입력한 다음 글꼴을 '교보손글씨 2019', 텍스트 크기를 '50'으로 지정합니다.

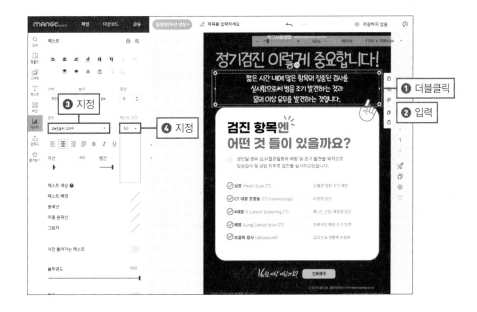

13 체크리스트 아래에 텍스트와 모든 요소를 드래그하여 선택한 다음 [Delete]를 눌러 삭제합니다.

14 체크리스트를 아래로 드래그하여 균형감 있게 배치합니다.

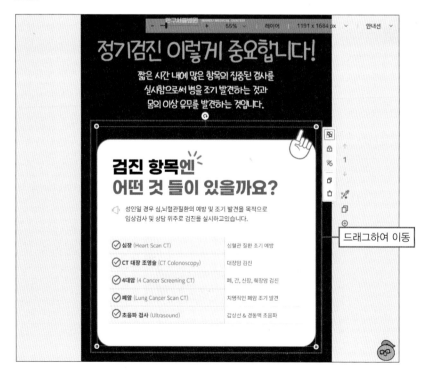

TIP 디자인에서 중요한 것 중 하나는 균형입니다. 상하좌우의 균형을 맞추면 안정감 있는 느낌을 전달할 수 있습니다.

008 워드클라우드로 고객 만족도 수치 표현하기

일반적으로 수치는 도표나 표를 이용해서 숫자로 표현하지만 워드클라우드를 활용하면 텍스트 크기로 수치를 시각화할 수 있습니다. 워드클라우드를 이용해 고객 만족도를 재밌게 표현해 봅니다.

• 예제 파일 : 02\머리.png, 고객 선호 메뉴.xlsx

01 망고보드의 시작 화면에서 〈START〉를 클릭합니다.

02 현재 1:1 정방형 형식의 캔버스이지만 크기를 포스터로 변경할 수 있습니다. 상단에 〈캔버스 크기〉를 클릭한 다음 〈카드뉴스·SNS〉를 클릭합니다.

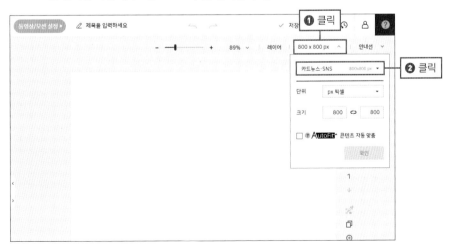

03 다양한 종류의 캔버스 크기가 표시되면 〈포스터〉를 선택합니다.

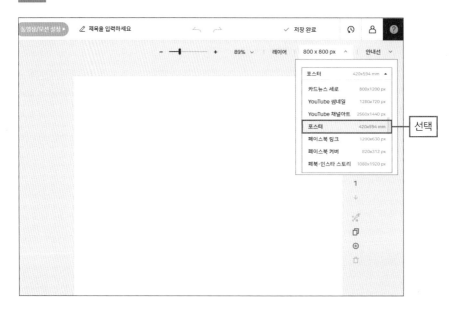

04 〈확인〉을 클릭하면 캔버스가 포스터 크기로 변경됩니다.

05 메뉴에서 〈🔼업로드〉를 클릭한 다음 〈파일 업로드〉를 클릭합니다. 열기 대화상자가 표시되면 02 폴더에서 '머리.png' 파일을 선택한 다음 〈열기〉를 클릭합니다.

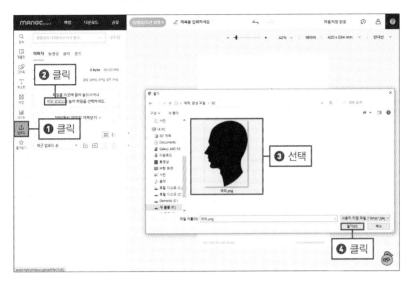

06 불러온 머리 이미지를 선택하면 캔버스에 표시됩니다.

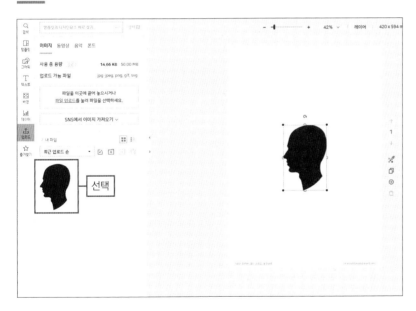

07 메뉴에서 〈Ｔ텍스트〉를 클릭한 다음 '제목 텍스트 추가하기'를 선택하여 캔버스에 텍스트를 추가
합니다.

08 샘플 텍스트를 더블클릭하여 원하는 내용을 입력합니다.

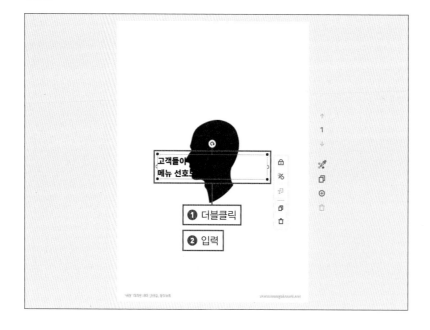

09 가독성을 높이기 위해 텍스트 크기를 '120'으로 지정한 다음 드래그하여 그림과 같이 배치합니다.

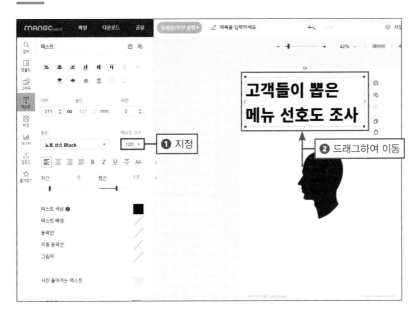

10 '메뉴 선호도 조사'를 블록으로 지정한 다음 텍스트 색상을 '청록색(#519C90)'으로 변경합니다.

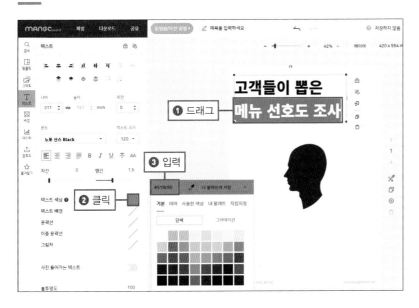

TIP 블록으로 지정한 텍스트만 다른 서식을 적용할 수 있습니다.

11 머리 이미지를 선택하고 조절점을 드래그하여 크기를 키운 다음 위치를 그림과 같이 조절합니다.

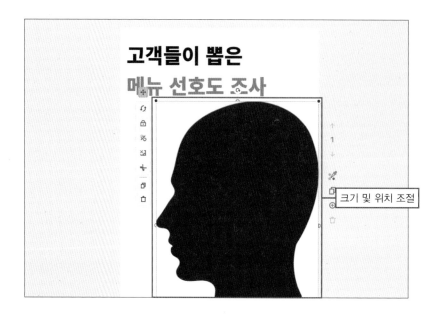

◇ 엑셀 데이터를 불러와 워드클라우드 만들기

01 메뉴에서 〈📊데이터〉를 클릭한 다음 〈차트〉의 〈워드클라우드〉에서 그림과 같은 디자인의 워드클라우드를 선택하여 캔버스에 표시합니다.

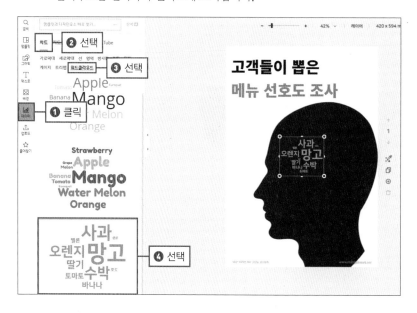

02 워드클라우드 선택한 다음 표시되는 팝업 메뉴에서 〈ⓒ 데이터 설정〉을 클릭합니다.

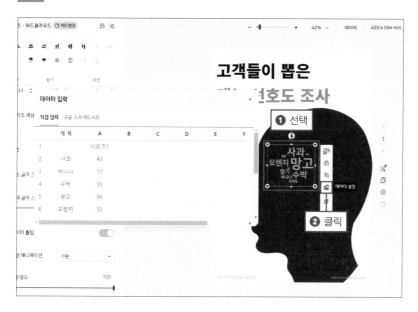

03 02 폴더에서 '고객 선호 메뉴.xlsx' 파일을 실행한 다음 데이터를 드래그하여 선택하고 Ctrl+C 를 눌러 복사합니다. 망고보드의 데이터 입력 대화상자에서 그림과 같은 위치를 클릭한 다음 Ctrl +V를 눌러 복사한 데이터를 붙여 넣습니다.

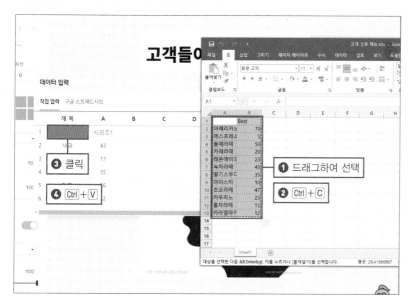

> **TIP** 워드클라우드는 데이터의 크기에 비례해 텍스트의 크기를 다르게 표시하는 시각 자료입니다. 사과 '20', 배 '40'이라는 데 이터를 워드클라우드로 시각화하면 배의 텍스트 크기가 사과 텍스트 크기의 2배로 표시됩니다.

04 엑셀의 데이터가 반영된 워드클라우드가 표시됩니다.

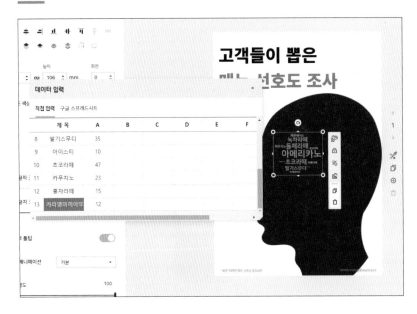

05 최소 글자 크기를 '20', 최대 글자 크기를 '150'으로 설정합니다. 워드클라우드의 조절점을 드래그
하여 머리 이미지에 꽉 차게 배치합니다.

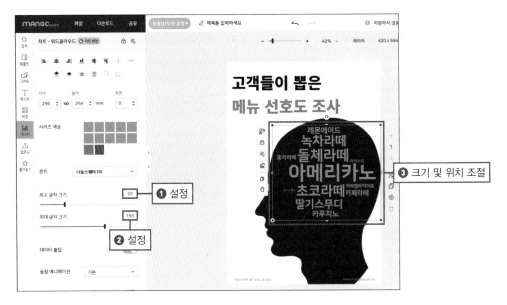

06 시리즈 색상에서 워드클라우드에 표시되는 텍스트 색상을 지정할 수 있습니다. 그림과 같이 다양한 색상으로 변경해 봅니다.

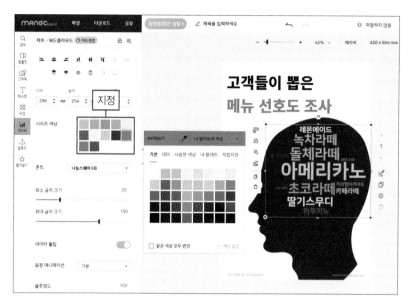

07 메뉴에서 〈⊞배경〉을 클릭하여 가독성을 해치지 않는 범위 내에서 배경을 선택합니다. 여기서는 마름모 모양의 분홍색 배경을 적용하였습니다.

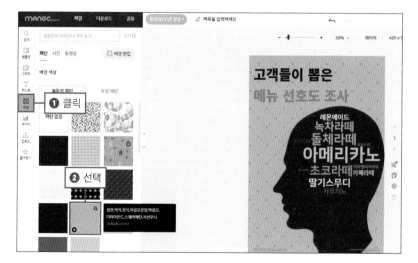

009 하이퍼링크 기능으로 판매 사이트 연결하기

홈페이지를 만들거나 디자인할 때 판매용 사이트 또는 다른 페이지로 연결하는 경우가 많습니다. 망고보드에는 하이퍼링크를 통해 판매 촉진용 게시물을 쉽게 디자인할 수 있습니다. 이미지나 버튼을 클릭하여 판매 사이트로 이동하는 하이퍼링크 게시물을 만들어 봅니다.

01 망고보드에서 템플릿을 변경하여 원하는 형태로 디자인합니다. 예제에서는 '구매하기' 버튼이 있는 템플릿을 활용했습니다. '구매하기' 버튼을 선택하고 〈링크〉를 활성화합니다.

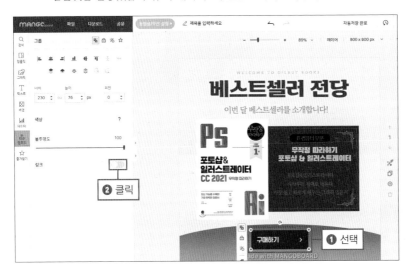

02 〈하이퍼링크〉를 선택하고 연결한 주소를 입력한 다음 [Enter]를 누르면 하이퍼링크가 설정됩니다.

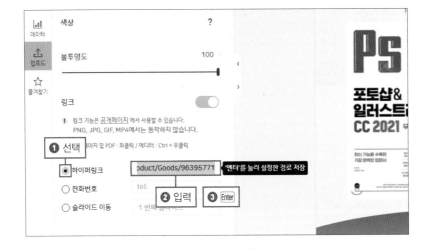

03 하이퍼링크가 적용되었는지 확인하기 위해 상단에 〈공유〉를 클릭한 다음 〈바로 가기〉를 클릭합니다.

04 웹 페이지에서 볼 수 있는 형태로 게시물을 확인할 수 있습니다. 하이퍼링크로 지정한 부분을 클릭하면 설정한 사이트로 이동됩니다.

TIP 하이퍼링크는 사이트에 업로드하는 용도에서만 활성화됩니다. 온라인 게시물로 출력하거나 인쇄하면 하이퍼링크가 활성화되지 않습니다.

010 무료 글꼴 사용하기

디자인하는 과정에서 중요한 요소 중 하나는 글꼴입니다. 미리캔버스나 망고보드에는 기본적으로 글꼴이 사이트에 내장되어 있지만, 문서 프로그램이나 외부 디자인 툴에서 작업을 진행하는 경우에는 글꼴을 컴퓨터에 설치해야 합니다. 저작권에 위반되지 않고 상업적으로 이용이 가능한 글꼴을 찾는 방법에 대해 알아봅니다.

◇ 눈누

눈누는 저작권을 걱정하지 않아도 되는 상업적 이용이 가능한 무료 글꼴을 모아 놓은 사이트입니다. 눈누에서는 무료 글꼴을 용도 및 형태로 확인할 수 있습니다. 샘플 텍스트뿐만 아니라 선택한 글꼴을 이용해서 필요한 텍스트를 입력해 보고 다운로드받을 수 있습니다.

▲ 눈누(noonnu.cc)

◇ Kfonts

눈누가 글꼴 백과사전이라고 한다면 Kfonts는 이미지에서 한글 글꼴을 찾아 주는 해답지 같은 사이트입니다. 특정 디자인 자료에서 사용된 글꼴의 이름을 모르는 경우, Ai 글꼴 검색 사이트인 Kfonts는 정말 큰 도움이 될 것입니다. 다만 눈누와 다르게 이미지에 나온 글꼴을 기준으로 검색하기 때문에 저작권이 무료인 글꼴만 찾아 주는 것이 아니라 유료 글꼴도 같이 찾아 줍니다. 글꼴 저작권사 사이트에서 저작권 관련 내용을 잘 확인하고 이용하도록 합니다.

▲ Kfonts(kfonts.kr)

◇ Dafont

영문 글꼴의 경우, Dafont는 눈누와 같은 역할을 합니다. 영문 글꼴을 모양 및 쓰임새에 따라 종류별로 확인할 수 있으며, 썸네일 형태로 글꼴의 모양을 확인할 수 있습니다. 다만, Dafont가 제공하는 글꼴은 전부 저작권에서 자유로운 것은 아닙니다. 개인적인 용도에만 사용 가능한 글꼴이 있고, 100% 저작권에서 자유로운 글꼴도 있습니다. 따라서, 상업적인 용도로 이용하고자 한다면 〈Download〉 위에 '100% Free'라는 문구를 확인하고 다운로드받아야 합니다.

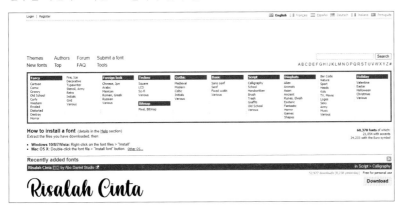

▲ Dafont(dafont.com)

◇ WhatTheFont

WhatTheFont는 이미지에서 영문 글꼴을 찾아 주는 내비게이션 같은 사이트입니다. 영문 글꼴은 한글 글꼴과 다르게 종류도 굉장히 다양하고 미묘한 차이를 가진 경우가 많아 검색 결과가 완벽하게 매치되지 않는 경우가 종종 있습니다. 또한, 저작권 무료인 글꼴만 찾아 주는 것이 아니라 유료 글꼴도 같이 찾아 줍니다. 결과에서 비슷하게 생긴 무료 글꼴을 골라서 사용하는 것을 권장합니다.

▲ WhatTheFont(myfonts.com/WhatTheFont)

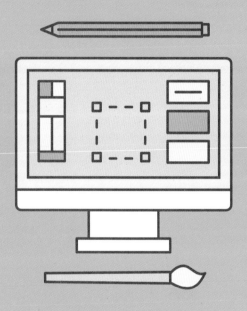

프레스코는 포토샵으로 유명한 어도비 사에서 제공하는 디자인 도구입니다. 정형적인 디자인에서 벗어나 자유롭고 창의적인 드로잉 디자인이 필요할 때 프레스코를 사용하면 멋진 디자인을 완성할 수 있습니다.

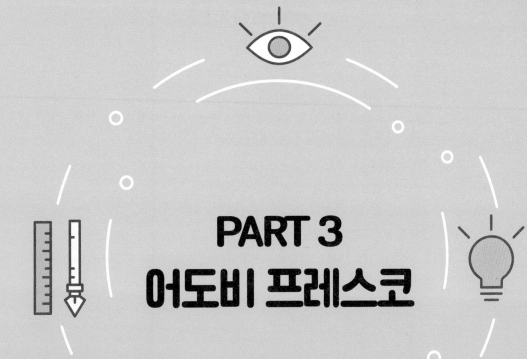

PART 3
어도비 프레스코

프레스코 시작하기

프레스코는 포토샵으로 유명한 어도비 사에서 아이패드 전용으로 만든 무료 드로잉 앱으로, 포토샵과 일러스트레이터의 드로잉 기능들을 결합하였습니다. 초보자부터 전문가까지 쉽게 그림을 그릴 수 있으며, 간결한 인터페이스는 작업의 속도를 높이고 편하게 드로잉할 수 있도록 도와 줍니다. 또한 어도비 사에서 제작한 수많은 브러시도 이용할 수 있어 다양한 그림 스타일을 표현할 수 있습니다. 이제 드로잉을 이용한 디자인이 필요하다면 프레스코를 사용해 보세요.

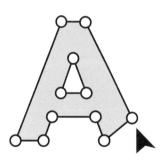

001 어도비 프레스코 알아보기

터치만으로도 매력적인 그림을 그릴 수 있는 프레스코는 수천 개의 어도비 브러시를 이용하여 상상하는 이미지를 그림으로 표현할 수 있습니다.

◇ 드로잉에 특화된 프레스코

프레스코 대부분의 기능을 무료로 이용할 수 있습니다. 무료 버전과 프리미엄 버전을 제공하는데, 두 버전의 차이는 사용할 수 있는 브러시의 개수와 클라우드(동기화 저장 장치) 용량의 차이입니다. 기본으로 많은 종류의 브러시를 제공하기에 충분히 많은 그림을 그릴 수 있습니다. 여기서는 무료 버전으로 그림을 그릴 수 있는 방법을 소개하며, 어도비 아이패드용 포토샵을 구독하고 있다면 프레스코도 프리미엄으로 이용할 수 있습니다.

프레스코는 드로잉과 페인팅에 특화된 앱으로, 픽셀 브러시 외에 라이브 브러시와 벡터 브러시를 제공합니다. 드로잉 앱 중에서 가장 자연스러운 수채화와 오일 브러시 느낌을 표현할 수 있으며, 실시간으로 번지는 수채화 느낌과 서로 섞이는 오일 브러시는 프레스코의 가장 큰 장점입니다. 두껍게 쌓이는 유화의 느낌은 현재 출시된 드로잉 앱 중 프레스코만이 구현할 수 있습니다.

▲ 수채화 라이브 브러시　　　　　　　▲ 유화 라이브 브러시

◇ 비트맵과 벡터 형태의 그림 그리기

프레스코의 기능을 알기 전에 비트맵과 벡터에 대해 알아볼까요? 쉽게 구분하면 비트맵은 픽셀로 이루어진 이미지로, 확대하면 그림의 픽셀이 보입니다. 반면에 벡터는 아무리 확대해도 이미지가 깨지지 않습니다.

프레스코에서는 픽셀 또는 벡터로 그림을 그릴 수 있습니다. 자연스러우면서 사실적인 느낌의 그림은 픽셀을 이용한 비트맵 이미지로, 아이콘과 같은 깔끔한 그림은 벡터 이미지로 그립니다.

▲ 확대하면 픽셀이 보이는 비트맵 이미지　　　　　　　　▲ 확대해도 깔끔하게 표현되는 벡터 이미지

▲ 자연스럽고 다양한 느낌으로 표현이 가능한 비트맵 브러시　　　　▲ 경계선이 깔끔한 벡터 브러시

◇ 장소에 상관없이 그림 그리기

프레스코에서 작업한 그림은 클라우드에 자동 동기화하여 포토샵 전용 파일인 PSD로 공유가 가능합니다.
공유한 파일은 아이폰이나 아이패드에서 어도비 클라우드를 통해 제공하는 글꼴과 브러시를 사용하여 이
어서 작업할 수 있습니다.

SPECIAL PAGE

어도비 프레스코 설치하기

어도비 프레스코를 사용하기 위해 아이패드 App Store에서 프레스코 앱 다운로드 방법을 알아봅니다.

어도비 프레스코 앱 다운로드받기

01 아이패드에서 〈App Store〉 앱을 탭하여 실행합니다.

02 검색창에 'Adobe Fresco'를 검색하여 앱을 설치한 다음 실행합니다.

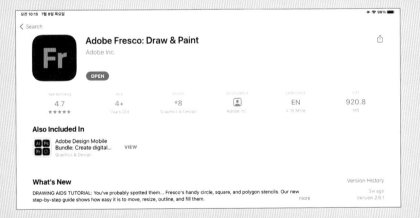

TIP 프레스코 앱은 무료로 다운로드받을 수 있습니다.

002 프레스코 인터페이스

프레스코를 이용하여 드로잉을 시작하기 전, 프레스코 인터페이스와 캔버스 만드는 방법을 알아봅니다.

◇ 인터페이스 알아보기

프레스코 앱을 실행하면 처음 표시되는 화면을 '홈 화면'이라고 합니다. 이곳에서 새 문서를 시작하거나 최근에 작업한 항목을 확인할 수 있습니다.

TIP 프레스코 설치에 대한 자세한 내용은 269쪽을 참고하세요.

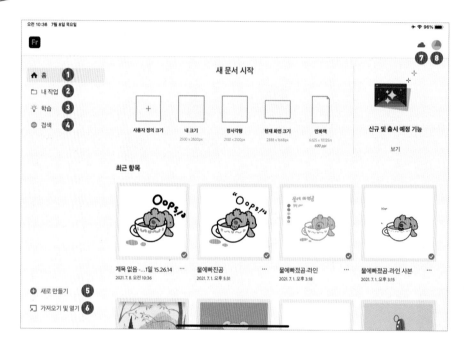

❶ **홈 :** 새 문서를 만들거나 최근에 작업한 항목을 확인할 수 있습니다.

❷ **내 작업 :** 클라우드에 저장된 문서, 나와 공유된 문서, 삭제된 항목을 확인할 수 있습니다.

❸ **학습 :** 어도비 사에서 제공하는 실습형 튜토리얼과 비디오 튜토리얼로 학습할 수 있습니다.

❹ **검색 :** 디자인 및 일러스트, 사진 등 다양한 'Behance' 작가들의 라이브 강의나 공유된 작품을 검색할 수 있습니다. 자신의 작품 또한 게시 가능합니다.

TIP Behance는 어도비 크리에이티브 클라우드로 저장한 작품 등을 전시하고 검색할 수 있는 무료 온라인 웹 사이트입니다. 디자인 포트폴리오나 참고용으로도 많이 사용합니다.

❺ **새로 만들기 :** 새 문서를 만듭니다.

❻ **가져오기 및 열기 :** 아이패드 파일 앱에서 psd 파일을 불러오거나, 다른 어도비 앱에 저장된 파일

을 액세스합니다.

❼ 클라우드 : 클라우드가 내 작업에 동기화되었는지 확인할 수 있습니다.

❽ 앱 설정 : 프레스코의 설정을 변경할 수 있습니다.

◇ 새로운 캔버스 만들기

왼쪽 메뉴에 〈새로 만들기〉를 탭하여 새로운 문서를 만들 수 있습니다. 〈디지털〉 탭과 〈인쇄〉 탭에서 사전 설정된 템플릿을 선택하거나 〈최근〉 탭에서 〈사용자 정의 크기〉를 선택하면 원하는 형태의 문서를 실정할 수 있습니다.

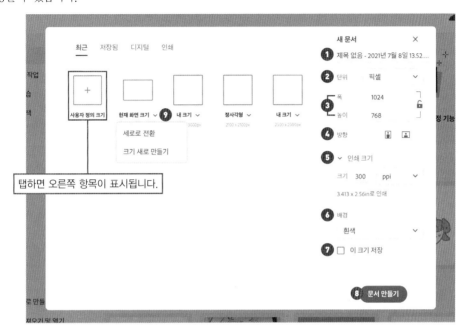

❶ 파일 제목 : '제목 없음–날짜'로 설정되어 있으며, 탭하면 파일 이름을 변경할 수 있습니다.

❷ 단위 : 문서 크기의 단위를 선택합니다. 픽셀, 인치, 센티미터, 밀리미터 중 선택할 수 있습니다. 웹용 이미지는 픽셀을 선택하고, 인쇄물은 센티미터나 밀리미터 중 선택합니다.

❸ 폭/높이 : 문서의 가로, 세로 길이를 수치로 입력합니다.

❹ 방향 : 문서의 방향을 가로 또는 세로로 지정합니다.

❺ 인쇄 크기 : ppi, ppcm 중에서 단위를 선택하여 캔버스의 해상도를 설정합니다. 깔끔하게 작업하려면 '300ppi' 이상으로 설정하여 작업합니다. 확대해도 그림이 깨지는 것이 덜하고 인쇄 시에도 정밀하게 표현됩니다.

❻ 배경 : 캔버스의 배경색을 흰색과 투명 중 선택합니다.

❼ 이 크기 저장 : 이 옵션을 체크 표시하면 〈저장됨〉 탭에 설정이 저장되어 필요한 경우 해당 설정값으로 문서를 만들 수 있습니다.

❽ 문서 만들기 : 탭하면 새로운 문서가 만들어집니다.

❾ 더보기 : 문서 이름 옆에 〈∨〉를 탭하면 캔버스의 방향 전환과 크기 새로 만들기 설정이 표시됩니다.

◇ 작업 화면 미리 보기

새 문서를 만들면 다음과 같이 화면에 그리기 및 페인팅 도구가 표시됩니다. 제스처와 터치 단축키, 키보드 단축키를 사용하면 작업을 빠르게 수행할 수 있습니다. 작업 영역은 크게 세 부분으로 나누어집니다.

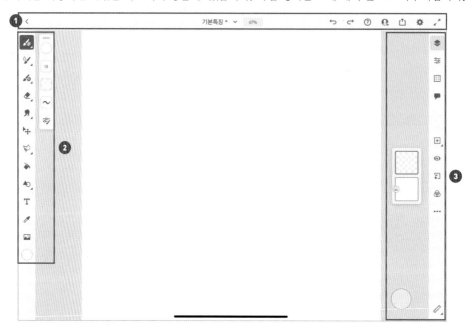

❶ **제목 표시줄** : 앱의 설정을 변경하거나 그림을 저장할 수 있습니다.

❷ **툴바** : 모든 브러시 도구, 선택 도구, 색상 도구가 표시됩니다. 여기에서 변형 도구와 지우개 도구도 선택할 수 있습니다.

❸ **작업 표시줄** : 레이어 작업을 위한 설정이 표시됩니다. 가장 상단의 〈 ▣ 레이어 목록〉을 탭하여 레이어 목록을 표시할 수 있습니다.

003 그림 작업을 위한 도구 알아보기

프레스코에서는 드로잉을 위한 다양한 도구를 제공합니다. 우리에게 익숙한 브러시 도구부터 지우개 도구, 이동 및 변환 도구, 텍스트 도구까지 알아보고, 빠른 작업에 도움을 주는 제스처 기능도 따라해 봅니다.

◇ 브러시 도구(, ,)

픽셀 브러시, 라이브 브러시, 벡터 브러시 중에서 원하는 브러시를 선택할 수 있습니다. 브러시 도구 옵션에서 브러시의 세부 설정을 변경할 수 있습니다. 브러시 도구를 두 번 탭하여 다양한 브러시 중 원하는 브러시를 선택할 수 있습니다.

❶ **픽셀 브러시 도구** : 픽셀 브러시로 그림을 그립니다. 픽셀 브러시로 그린 그림을 확대하면 픽셀로 표시됩니다. 픽셀 브러시로 그린 그림은 픽셀 브러시 레이어에 표시됩니다.

❷ **라이브 브러시 도구** : 유화나 수채화 느낌을 줄 수 있는 라이브 브러시로 그림을 그립니다. 그림을 그린 후에도 라이브 브러시로 색상을 추가하거나 혼합할 수 있습니다. 라이브 브러시로 그린 그림은 라이브 브러시 레이어에 표시됩니다.

❸ **벡터 브러시 도구** : 벡터 브러시로 그림을 그립니다. 벡터 브러시로 그린 그림은 아무리 확대해도 픽셀이 표시되지 않습니다. 벡터 브러시로 그린 그림은 벡터 브러시 레이어에 표시됩니다.

❹ **브러시 도구 옵션** : 브러시를 선택하면 브러시 도구 옵션이 표시됩니다. 각 브러시의 색상, 크기 등을 조절할 수 있고 설정한 브러시로 기본 브러시를 변경할 수도 있습니다.

◇ 지우개 도구()

픽셀 및 벡터 지우개를 제공합니다. 지우개 도구를 두 번 탭하여 지우개의 종류를 선택할 수 있습니다. 픽셀 레이어를 사용할 때 픽셀 지우개, 벡터 레이어를 사용할 때 벡터 지우개 도구를 사용합니다.

◇ 스머지 브러시 도구()

스머지 브러시를 이용하면 실제 페인팅 작업을 하듯 픽셀 브러시로 작업한 아트워크의 색상을 혼합하고, 번지게 만들 수 있습니다. 브러시의 크기, 강도, 스무딩과 스머지 간격 및 모양 등 다양한 설정을 스머지 브러시 도구 옵션에서 조절할 수 있습니다.

▲ 스머지 브러시 도구를 이용해 색 혼합하기

◇ 이동 및 변환 도구(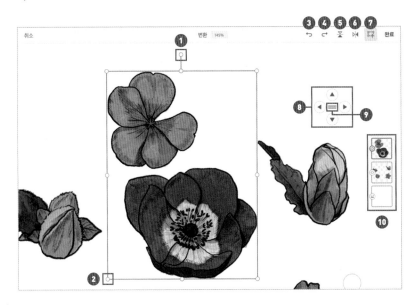)

❶ **회전** : 상단에 핸들을 이용하여 그림을 회전합니다.

❷ **크기 조절** : 조절점을 이동하여 그림의 크기를 변경합니다.

❸ **실행 취소** : 작업한 내역을 이전 상태로 되돌립니다.

❹ **재실행** : 실행 취소한 내역을 다시 실행합니다.

❺ **위아래 반전** : 그림을 위아래로 반전합니다.

❻ **좌우 반전** : 그림을 좌우로 반전합니다.

❼ **이동** : 그림을 원하는 곳으로 이동합니다.

❽ **리모컨** : 10픽셀씩 상하좌우 원하는 방향으로 그림을 이동합니다.

❾ **리모컨 이동** : 해당 부분을 탭하여 리모컨을 원하는 곳으로 이동합니다.

❿ **레이어 선택** : 원하는 레이어를 탭하여 선택합니다.

◇ 올가미 도구( )

올가미 도구를 길게 탭하면 추가 옵션이 표시되며, 올가미와 선택 브러시, 사각형 선택 도구, 원형 선택 도구로 구성되어 있습니다. 캔버스 일부 영역을 지정할 때 이용합니다. 올가미 도구로 그리면 선택 영역이 활성화되는데, 이때 선택 영역 작업 옵션이 화면 아래에 표시됩니다.

❶ **올가미 도구** : 직접 그려 선택 영역을 지정합니다.

❷ **선택 브러시 도구** : 브러시의 압력에 따라 달라지는 굵기로 선택 영역을 지정합니다.

❸ **사각형/원형 선택 도구** : 선택하고 싶은 부분을 사각형 또는 원형으로 그려 선택 영역을 지정합니다.

◇ 선택 영역 작업 옵션

선택 옵션 패널

선택 영역 작업 옵션

① **변환** : 선택한 영역의 크기와 기울기 등 형태를 변형할 수 있습니다.

② **지우기** : 선택한 영역을 지울 수 있습니다.

③ **마스크** : 선택한 영역에 레이어 마스크가 생성됩니다.

④ **선택 취소** : 해당 영역의 선택을 취소합니다.

⑤ **기타** : 탭하면 선택 옵션이 표시됩니다. 선택 항목 숨기기, 선택 항목 변환, 선택 항목 반전 등 선택 영역을 나타내는 방식을 변경할 수 있습니다.

전문가의 조언 ◁ 앤티 앨리어스

'앤티 앨리어스'를 활성화하면 선택 영역으로 지정한 곳의 경계를 매끄럽게 적용합니다.

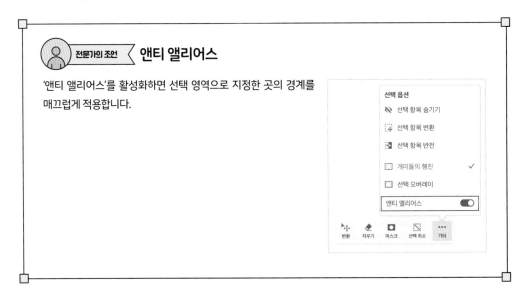

◇ 채우기 도구()

채우기 도구를 이용하면 캔버스에서 빠르게 색상을 변경할 수 있습니다. 선택한 레이어의 전체 색상을 채우거나 해당 레이어에서 칠한 색의 일부만 변경할 수 있습니다. 채우기 도구를 탭하면 채우기 도구 옵션이 표시되며, 색상을 변경하거나 채우기 설정에서 색상 허용치를 조절할 수 있습니다. '투명도 유지'를 활성화하면 이전에 그린 그림의 투명도를 유지하면서 색상만 변경할 수 있습니다.

◇ 모양 도구( )

기본 제공된 모양을 이용하여 선택한 부분에 색을 채우거나, 선택 영역을 지우거나, 마스크로 만들 수 있습니다.

◇ 텍스트 도구(T)

어도비에서 제공하는 글꼴과 아이패드에 있는 글꼴을 이용해 텍스트를 입력할 수 있습니다. 레이어 속성에서 텍스트의 혼합 모드와 불투명도를 조절할 수 있고, 텍스트에서 글꼴과 스타일을 변경할 수 있습니다.

◇ 스포이트 도구( )

스포이트 도구는 색상을 추출할 때 사용합니다. 스포이트 도구를 탭하면 단색 샘플러와 다색 샘플러 옵션이 표시됩니다. 캔버스에서 원하는 부분을 손가락으로 길게 탭하여 스포이트 도구가 활성화되어 모든 색상을 빠르게 추출할 수 있습니다.

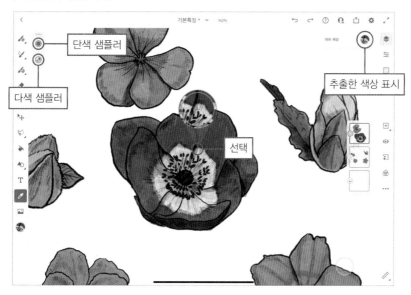

◇ 제목 표시줄

❶ **홈 화면으로 돌아가기** : 현재 작업 중이던 문서를 저장하고 홈 화면으로 돌아갑니다.

❷ **제목** : 현재 작업 중인 문서의 제목이 표시됩니다. 오른쪽 〈∨〉를 탭하여 제목을 변경하거나 문서를 저장할 수 있습니다.

❸ **확대/축소 비율 상자** : 현재 보이는 화면이 원래 크기에서 얼마나 확대, 축소되었는지 알려 줍니다. 확대/축소 비율 상자를 탭한 상태에서 좌우로 이동하여 화면을 확대, 축소할 수 있습니다. 원래 크기를 확인하려면 '100%'로 조절하면 됩니다.

❹ **실행 취소** : 작업한 것을 이전 상태로 되돌립니다.

❺ **재실행** : 실행 취소한 것을 다시 실행합니다.

❻ **둘러보기 및 학습** : 프레스코의 기능을 학습합니다.

❼ **초대** : 편집 작업을 수행할 다른 사용자를 초대합니다.

❽ **내보내기** : 저장과 소셜 미디어에 게시 및 라이브스트림이 가능합니다.

❾ **설정** : 화면을 보는 방식을 변경하거나 앱 설정을 할 수 있습니다.

❿ **전체 화면 보기** : 작업 도구들을 숨겨 큰 화면으로 작업이 가능합니다.

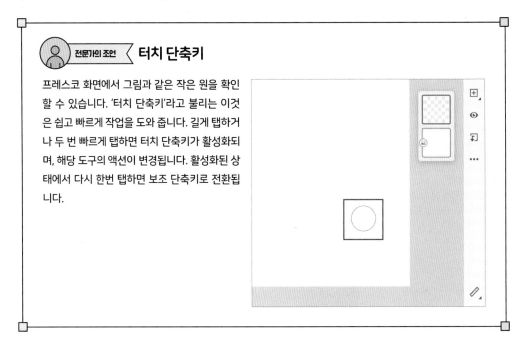

전문가의 조언 〉 **터치 단축키**

프레스코 화면에서 그림과 같은 작은 원을 확인할 수 있습니다. '터치 단축키'라고 불리는 이것은 쉽고 빠르게 작업을 도와 줍니다. 길게 탭하거나 두 번 빠르게 탭하면 터치 단축키가 활성화되며, 해당 도구의 액션이 변경됩니다. 활성화된 상태에서 다시 한번 탭하면 보조 단축키로 전환됩니다.

◇ 제스처

손가락을 이용해서 여러 기능을 실행해 봅니다.

- **실행 취소** : 두 손가락을 탭합니다.

- **재실행** : 세 손가락을 탭합니다.

- **스포이트(단색 및 다색)** : 단색으로 전환하려면 손가락을 캔버스를 길게 누릅니다. 다색으로 전환하려면 터치 단축키를 길게 누릅니다.

- **팝오버 도킹 해제** : 팝오버 상단의 그래버를 잡은 상태로 이동하여 캔버스에서 도킹 해제 및 보관합니다.

- **기타 옵션 표시** : 오른쪽 하단에 삼각형이 있는 아이콘을 길게 눌러 기타 옵션을 표시합니다.

- **캔버스 확대/축소, 회전 및 이동** : 핀치 투 줌, 비틀어 회전합니다.

- **보기에 맞춤** : 두 손가락으로 빠르게 꼬집습니다.

- **스냅라인** : 획의 끝을 길게 눌러 직선을 만듭니다. 이 기능은 앱 설정 〉 입력 〉 터치에서 활성화 할 수 있습니다.

- **벡터 세그먼트 트리밍** : 터치 단축키의 보조 상태를 유지하고 획 세그먼트를 가로질러 그립니다.

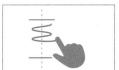

- **벡터 획 트리밍** : 터치 단축키의 보조 상태를 유지하고 획을 가로질러 3번 낙서합니다.

004 디지털 드로잉의 기본, 레이어

그림 작업에서 꼭 알아야 할 기능은 바로 레이어입니다. 그림을 수정하거나 편집할 때 효율적으로 레이어를 사용할 수 있습니다.

◇ 레이어 구조

레이어는 투명한 판과 비슷한 개념입니다. 여러 투명한 판에 그림을 그리지만, 화면에는 판들이 겹쳐진 하나의 그림만이 보입니다. 즉 여러 이미지가 겹쳐 하나의 이미지를 이룹니다. 여러 레이어에 그림을 그리는 이유는 그림의 수정과 편집이 편리하기 때문입니다. 프레스코는 화면 오른쪽 작업 표시줄에서 레이어를 관리할 수 있으며, 새 문서를 만들면 기본적으로 배경 레이어가 만들어져 있습니다. 새로운 레이어를 추가하면 배경 레이어 위에 만들어집니다.

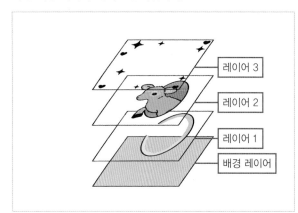

▲ 순서대로 배경 레이어 – 레이어 1 – 레이어 2 – 레이어 3

▲ 화면에 보이는 이미지

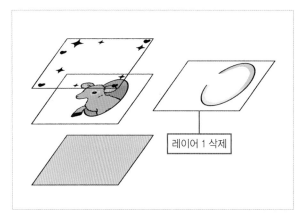

▲ 레이어 1 삭제

▲ 레이어 1 삭제로 변경된 그림

◇ 레이어 기능 알아보기

① **레이어 목록** : 레이어 목록을 표시하거나 숨깁니다.

② **레이어 속성** : 레이어 이름과 혼합 모드, 불투명도를 조절할 수 있습니다.

③ **그래프** : 탭하면 정밀도 패널이 표시됩니다. 여기서 회전 스냅핑과 안내선을 조절할 수 있습니다.

④ **댓글 달기** : 링크를 공유하여 여러 사람과 의견을 공유할 수 있습니다.

⑤ **레이어 추가** : 새 레이어를 추가합니다.

⑥ **레이어 숨기기** : 선택한 레이어를 안 보이게 숨길 수 있습니다.

⑦ **레이어 마스크** : 레이어를 선택하고 레이어 마스크를 탭하면 선택한 레이어 아래에 있는 레이어로 클리핑 마스크가 생성됩니다.

⑧ **색상 조정 레이어** : 원하는 레이어의 색조/채도, 명도/대비 및 색상 균형을 변경할 수 있습니다.

⑨ **레이어 작업** : 레이어 작업과 관련된 기능을 제공합니다. 레이어 다중 선택, 복제, 복사, 잘라내기, 잠그기, 픽셀 레이어로 변환, 아래로 병합이 가능합니다. 레이어 다중 선택 시 여러 레이어 액션이 가능합니다.

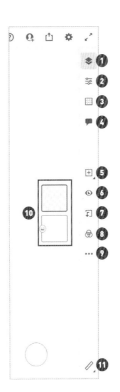

⑩ **레이어 썸네일** : 작업하고 있는 레이어들이 표시됩니다. 레이어 썸네일에 그린 그림이 표시됩니다.

⑪ **그리기 보조 도구** : 눈금자를 이용해 직선을 긋거나 원형, 정사각형, 다각형을 그릴 수 있습니다.

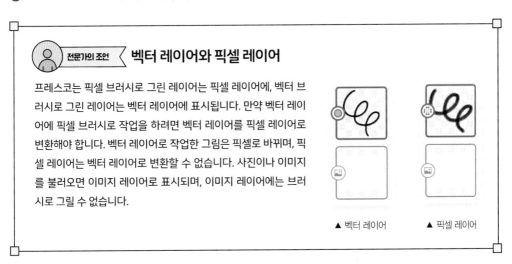

전문가의 조언 **벡터 레이어와 픽셀 레이어**

프레스코는 픽셀 브러시로 그린 레이어는 픽셀 레이어에, 벡터 브러시로 그린 레이어는 벡터 레이어에 표시됩니다. 만약 벡터 레이어에 픽셀 브러시로 작업을 하려면 벡터 레이어를 픽셀 레이어로 변환해야 합니다. 벡터 레이어로 작업한 그림은 픽셀로 바뀌며, 픽셀 레이어는 벡터 레이어로 변환할 수 없습니다. 사진이나 이미지를 불러오면 이미지 레이어로 표시되며, 이미지 레이어에는 브러시로 그릴 수 없습니다.

▲ 벡터 레이어　　▲ 픽셀 레이어

2

프레스코로
드로잉
디자인하기

어도비 프레스코를 활용하면 자유로운 드로잉 디자인이 가능합니다. 드로잉 디자인은 그림뿐만 아니라 텍스트 디자인에도 사용이 가능합니다. 기본적인 텍스트 디자인을 위해 무료 글꼴을 다운로드 받은 다음 원하는 형태로 텍스트를 따라 그리고 채색하여 새롭게 텍스트를 디자인할 수 있습니다. 또한, 요즘 인기 있는 이모티콘도 최적화된 프레스코를 이용하여 제작이 가능합니다. 여기서는 프레스코 활용 방법에 대해 알아봅니다.

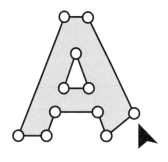

001 텍스트 기능을 이용하여 POP 글씨 쓰기

텍스트 기능으로 원하는 내용을 입력한 다음 다운받은 글꼴을 활용해 귀여운 POP 글씨를 만들어 봅니다.

• 완성 파일 : 03\Pop 글씨_완성.jpg

◇ 예제 미리보기

◇ 캔버스 정보

캔버스 크기 : 3000 × 3000px

해상도(인쇄 크기) : 300ppi

밑그림 브러시 : 스케칭 – 펜, 크기 10

컬러 글씨 브러시 : 기본 – 선명한 원, 크기 120

검은색 글씨 브러시 : 기본 – 선명한 원, 크기 170

◇ 색상표

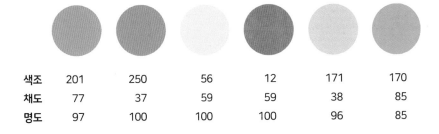

색조	201	250	56	12	171	170
채도	77	37	59	59	38	85
명도	97	100	100	100	96	85

◇ 원하는 글꼴로 텍스트 입력하기

01 〈사용자 정의 크기〉를 탭한 다음 단위를 '픽셀', 폭과 높이를 '3000', 인쇄 크기를 '300ppi'로 설정하여 문서를 생성합니다.

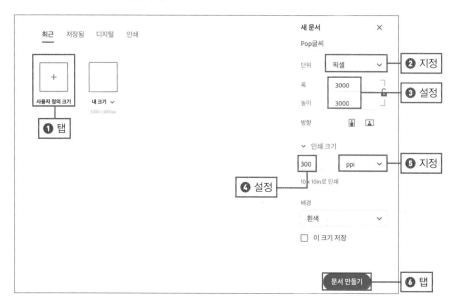

02 툴바에서 〈⊤ 텍스트 도구〉를 선택합니다. 캔버스에 텍스트 상자를 생성합니다.

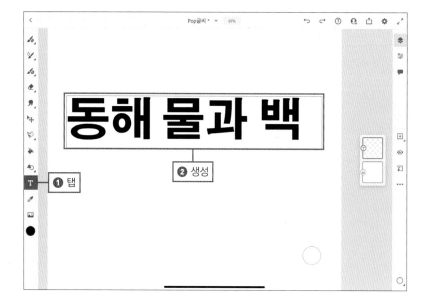

03 텍스트 상자 아래에 〈 📋 키보드〉를 탭합니다. 키보드를 탭하면 텍스트 전체가 선택되어 변경 가능합니다.

04 그림과 같이 텍스트를 입력한 다음 캔버스를 탭하면 키보드가 사라집니다.

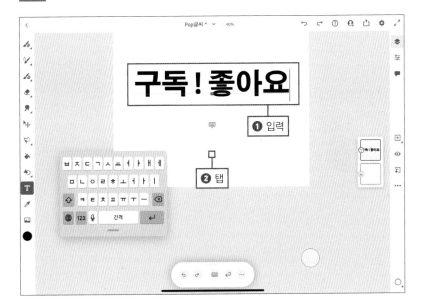

05 〈🎚레이어 속성〉을 탭한 다음 텍스트에서 현재 지정된 글꼴인 〈Adobe Gothic Std〉를 탭하면 글꼴을 선택할 수 있습니다. 여기서는 〈CookieRun 블랙체〉를 선택합니다. 텍스트 크기를 조절하기 위해 〈< 〉를 탭하여 레이어 속성으로 돌아갑니다.

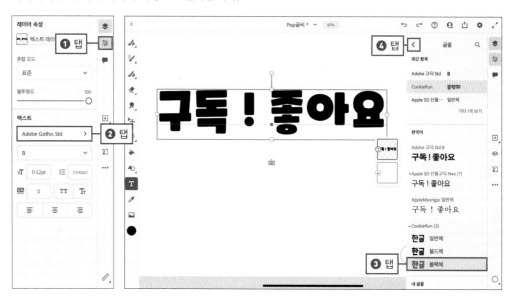

06 글꼴 크기를 탭하여 '153'을 입력합니다. 캔버스 부분을 탭하여 숫자 키패드를 없앱니다.

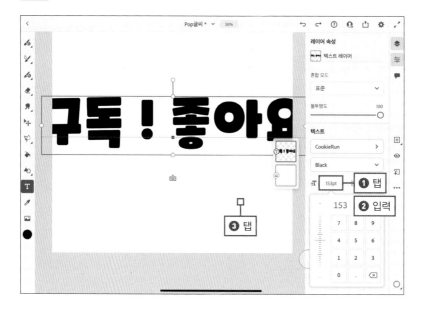

07 텍스트 간격을 조절하기 위해 자간을 탭한 다음 '150'을 입력합니다. 숫자 키패드 오른쪽의 〈+/−〉
를 탭하여 '150'을 '−150'으로 변경합니다.

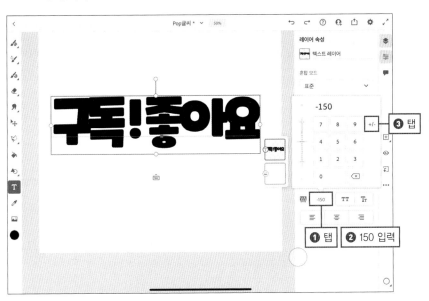

08 〈가운데 정렬〉을 탭한 다음 불투명도를 '10'으로 조절합니다. 〈레이어 속성〉을 다시 탭하여
숨깁니다.

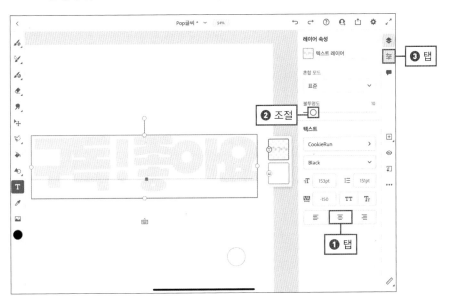

TIP 만약 텍스트가 캔버스 밖으로 벗어났을 때 <이동 도구>로 텍스트 레이어를 이동할 수 있습니다.

◇ POP 글씨 만들기

01 POP 글씨는 동글동글하면서 귀여운 글씨입니다. 입력한 텍스트를 밑그림으로 삼아 글씨를 만들어 봅니다. 〈☑ 레이어 추가〉를 탭하여 새 레이어를 추가합니다. 〈🖌 픽셀 브러시 도구〉를 선택한다음 〈스케칭〉 → 〈펜〉을 선택합니다.

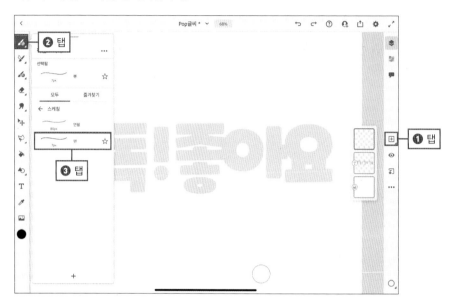

02 브러시 색상을 '빨간색', 브러시 크기를 '10', 매끄럽게 하기를 '100'으로 조절합니다.

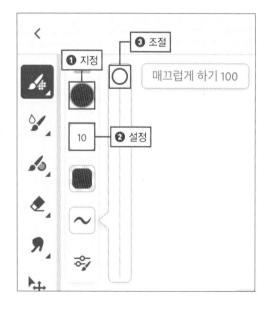

03 입력한 텍스트를 따라 'ㄱ' 글씨를 좀 더 둥글게 그립니다.

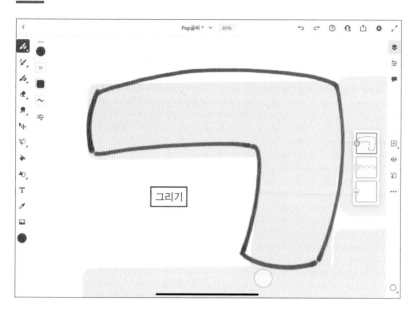

04 'ㅜ'를 'ㄱ'과 살짝 겹치게 그립니다.

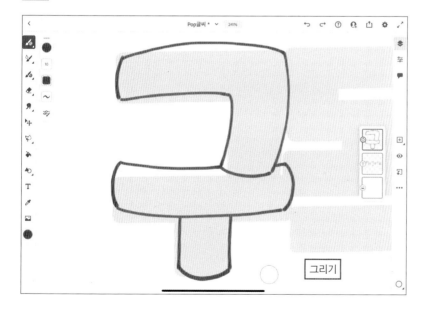

05 그림과 같이 나머지 다른 글씨들도 따라서 그립니다. 느낌표의 원 부분과 '좋아요'의 'ㅎ' 내부 원 부분을 하트로 그려 귀엽게 표현해 줍니다.

06 레이어 목록에서 텍스트 레이어를 선택한 다음 〈⊚레이어 숨기기〉를 탭해 캔버스에 안 보이게 합니다. 〈⊞레이어 추가〉를 탭하여 새 레이어를 빨간색 브러시로 드로잉한 레이어 아래에 추가합니다.

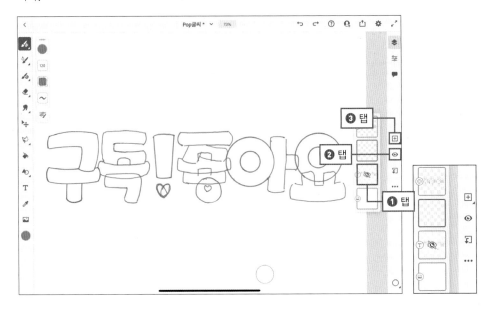

> **TIP** 레이어 목록이 보이지 않을 경우 <⊛레이어 목록>을 탭하여 표시합니다.

07 〈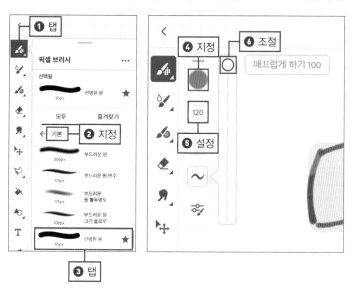픽셀 브러시 도구〉를 선택한 다음 〈기본〉 → 〈선명한 원〉을 선택합니다. 브러시 색상을 '파란 색', 브러시 크기를 '120', 매끄럽게 하기를 '100'으로 조절합니다.

08 브러시로 밑그림을 참고해 'ㄱ'을 따라 그립니다.

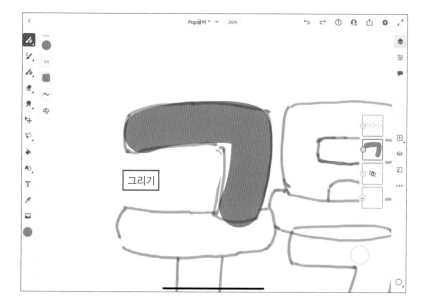

09 ⟨⊞ 레이어 추가⟩를 탭하여 'ㄱ'을 그린 레이어 아래에 새 레이어를 추가한 다음 'ㅜ'를 그립니다.

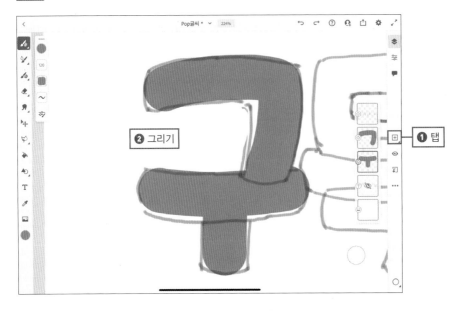

TIP 생성된 레이어를 길게 탭하여 순서를 변경할 수 있습니다.

10 브러시 색상을 '검은색'으로 지정하고 브러시 크기를 '170'으로 변경합니다.

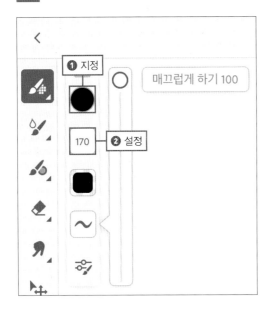

11 〈回 레이어 추가〉를 탭하여 'ㄱ'을 그린 레이어 아래에 새 레이어를 추가합니다. 파란색 'ㄱ' 테두리를 따라서 그립니다.

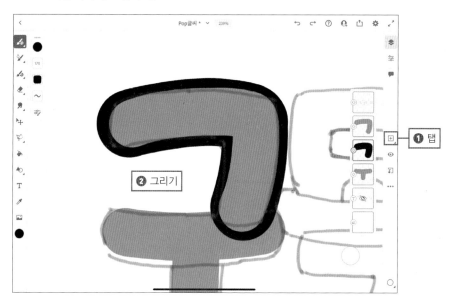

12 〈回 레이어 추가〉를 탭하여 'ㅜ'를 그린 레이어 아래에 새 레이어를 추가합니다. 파란색 'ㅜ' 테두리를 따라서 그립니다.

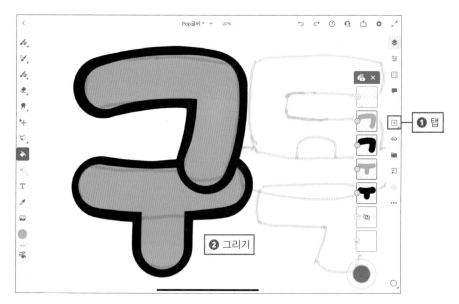

13 터치 단축키를 두 번 탭합니다. 'ㄱ'과 'ㅜ'를 그린 레이어 4개를 탭한 다음 〈■그룹〉을 탭해 레이어 그룹을 지정합니다. 그룹으로 지정되었으면 터치 단축키를 다시 두 번 탭하여 비활성화합니다.

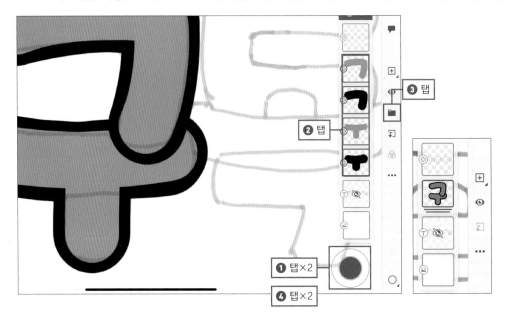

14 〈回레이어 추가〉를 탭하여 새 레이어를 3개 추가한 다음 각 레이어에 'ㄱ', 'ㅗ', 'ㄷ'을 '보라색'으로 그립니다. 글씨에 입체감을 주기 위해 'ㄱ'을 그린 레이어를 'ㅗ'를 그린 레이어 위로 이동합니다. 'ㄷ'을 그린 레이어는 'ㅗ'를 그린 레이어 아래로 이동합니다.

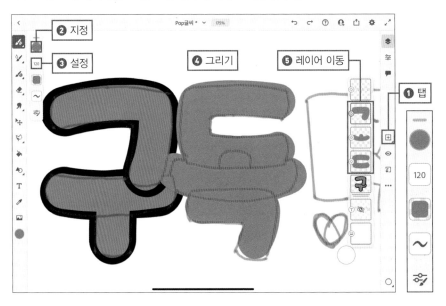

TIP 브러시 크기를 '120'으로 설정하여 글씨를 그립니다.

15 10번 ~ 13번 과정과 같은 방법으로 '독' 글씨에 검은색 테두리를 그린 다음 그룹으로 지정합니다.

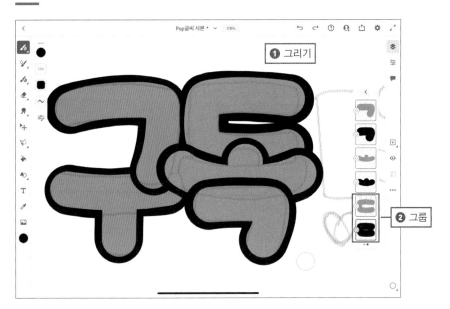

16 07번 ~ 13번 과정과 같은 방법으로 '!'와 '좋'을 따라 그립니다. 〈□ 레이어 추가〉를 탭하여 '좋'을 그린 레이어 위에 새 레이어를 추가한 다음 브러시 크기를 '120'으로 설정합니다. 브러시 색상을 '옥색'으로 지정한 다음 두께 확인용으로 'ㅇ' 위에 한번 탭하여 점을 찍어 줍니다.

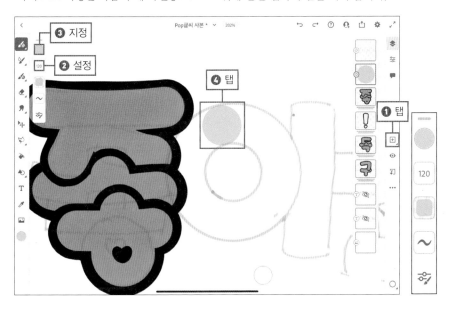

17 〈▦레이어 추가〉를 탭하여 새 레이어를 추가한 다음 〈✎그리기 보조 도구〉를 길게 탭하여 밑그림에 맞춰 원의 크기를 조절합니다.

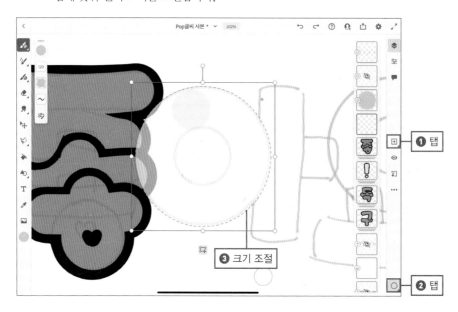

18 〈▨채우기 도구〉를 선택합니다. 채우기 색상을 옥색보다 어두운 '초록색'으로 변경한 다음 원을 탭하여 색을 채웁니다.

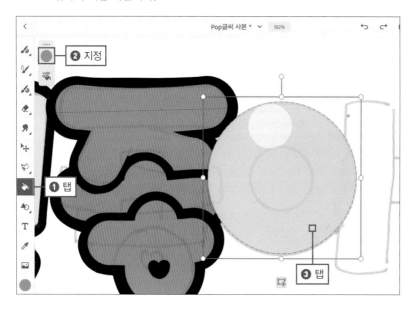

19 옥색으로 그린 점에 맞춰 원을 작게 조절하여 'o'의 안쪽 원을 표현해 줍니다. 채우기 색상을 '검은색'으로 변경한 다음 원을 탭하여 색을 채웁니다.

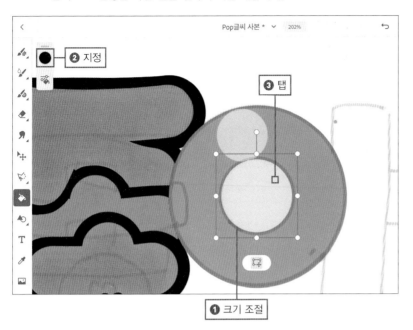

20 〈▣ 레이어 추가〉를 탭하여 'o'을 그린 레이어 아래에 새 레이어를 추가합니다. 그림과 같이 'o'의 테두리가 될 정도로 크게 원의 크기를 조절한 다음 원을 탭하여 색을 채웁니다.

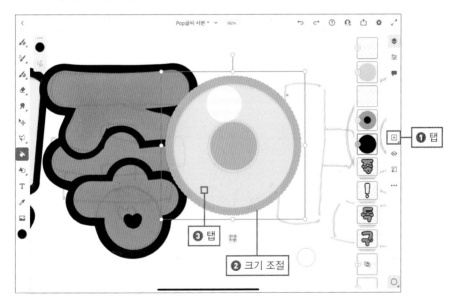

> **TIP** 채우기 레이어 유형 대화상자가 표시되면 <픽셀>을 탭하여 원의 색을 채웁니다.

21 나머지 글자들도 그려 완성합니다. 맨 위에 밑그림을 그린 레이어를 선택한 다음 〈 ◉ 레이어 숨기기〉를 탭하여 숨깁니다.

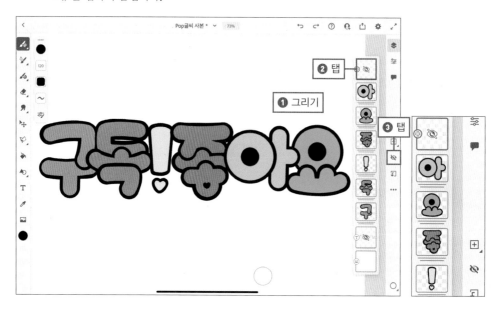

◇ 글씨에 하이라이트 그리기

01 POP 글씨에 하이라이트 그리기 위해 〈 ▣ 레이어 추가〉를 탭하여 숨긴 밑그림을 그린 레이어 아래에 새 레이어를 추가합니다. 〈 ◢ 픽셀 브러시 도구〉를 선택한 다음 브러시 색상을 '흰색', 브러시 크기를 '35'로 변경합니다.

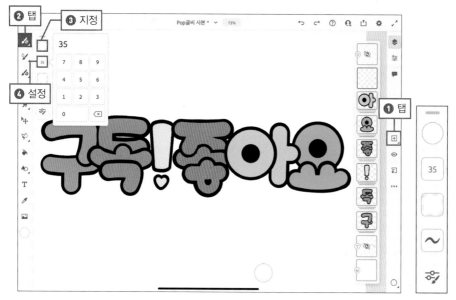

02 글씨에 반짝이는 하이라이트를 그려 줍니다.

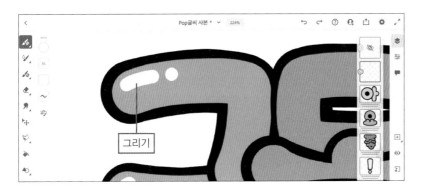

그리기

03 〈 그리기 보조 도구〉 원의 크기를 조절한 다음 〈 채우기 도구〉를 선택합니다. 채우기 색상을 '흰색'으로 지정한 다음 원을 탭하여 색을 채웁니다. '구독! 좋아요' POP 글씨가 완성되었습니다.

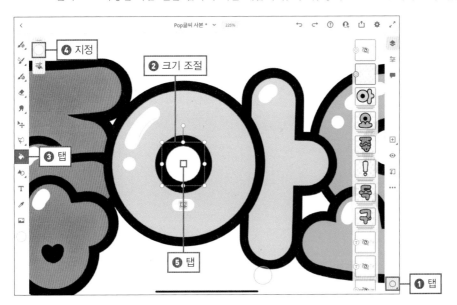

❹ 지정

❷ 크기 조절

❸ 탭

❺ 탭

❶ 탭

아이패드에 원하는 글꼴 설치하기

원하는 글꼴을 다운로드받아 'iFont' 앱을 이용하여 아이패드에 글꼴을 설치할 수 있습니다.

01 원하는 글꼴을 다운로드받은 다음 다운로드 폴더로 이동합니다. 다운로드받은 글꼴의 ZIP 파일을
탭하여 압축을 해제하면 글꼴 폴더가 생성됩니다.

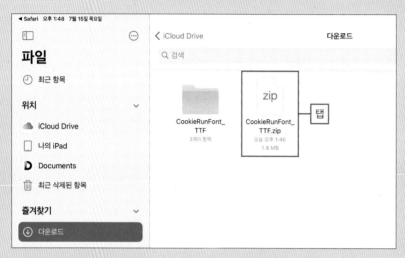

02 'iFont' 앱을 다운로드받아 실행한 다음 〈Import〉를 탭합니다.

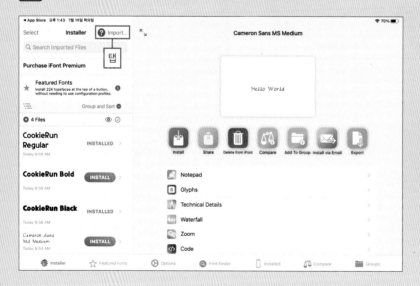

03 다운로드받은 글꼴을 선택하면 선택한 글꼴이 그림과 같이 앱에 등록됩니다. 글꼴 옆에 〈INSTALL〉을 탭합니다.

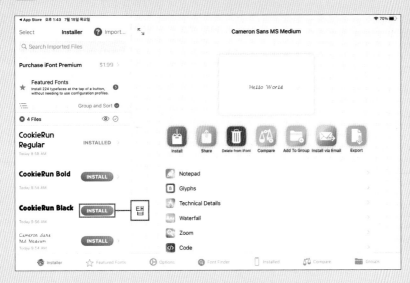

04 Installer 대화상자가 표시되면 〈허용〉을 탭합니다.

05 '설정' 앱을 실행한 다음 〈프로파일이 다운로드됨〉을 탭합니다. 프로파일 설치 대화상자가 표시되면 〈설치〉를 탭합니다.

06 글꼴을 설치하기 위해 아이패드 암호를 입력합니다. 암호가 올바르게 입력되었으면 경고 대화상자가 표시됩니다. 〈설치〉를 탭하여 글꼴 설치를 완료합니다. 설치된 글꼴은 프레스코 앱을 실행하면 바로 사용할 수 있습니다.

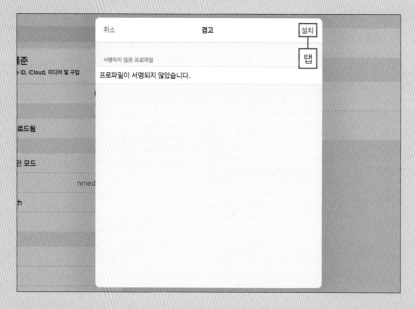

TIP 설치된 글꼴은 아이패드의 다른 앱에서도 사용할 수 있습니다. 예를 들어, 넷플릭스에서 영상을 볼 때 자막 글꼴로도 사용 가능합니다.

002 컵 속에 빠진 곰 이모티콘 그리기

컵 속에 빠진 곰 이모티콘을 그려 보겠습니다. 어도비 프레스코에서 다양한 그리기 보조 도구를 이용하여 누구나 손쉽게 이모티콘을 그릴 수 있습니다.

• 완성 파일 : 03\곰 이모티콘_완성.jpg

◇ **예제 미리보기**

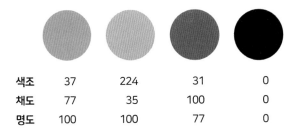

◇ **캔버스 정보**

캔버스 크기 : 2500 × 2500px

해상도(인쇄 크기) : 300ppi

캐릭터 브러시 : 기본 - 선명한 원, 크기 35

글씨 브러시 : 기본 - 선명한 원, 크기 65

◇ **색상표**

색조	37	224	31	0
채도	77	35	100	0
명도	100	100	77	0

어도비 프레스코

◇ 그리기 보조 도구를 이용하여 컵 그리기

01 〈사용자 정의 크기〉를 탭한 다음 단위를 '픽셀', 폭과 높이를 '2500', 인쇄 크기를 '300ppi'로 설정하여 문서를 생성합니다.

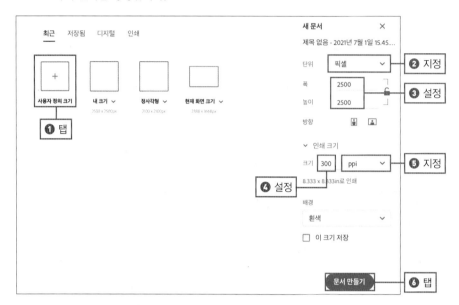

02 〈픽셀 브러시 도구〉를 선택한 다음 〈기본〉 → 〈선명한 원〉을 선택합니다. 브러시 색상을 '검은색', 브러시 크기를 '35', 매끄럽게 하기를 '85'로 설정합니다.

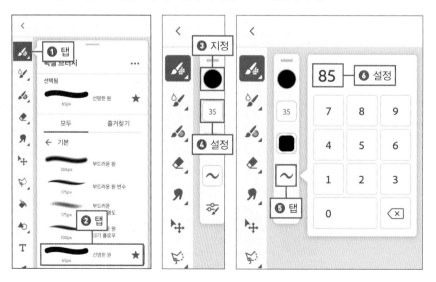

> **TIP** 브러시 크기와 매끄럽게 하기를 길게 탭하면 직접 수치를 입력할 수 있습니다.

03 〈🖊그리기 보조 도구〉를 길게 탭하여 〈원형〉을 선택합니다.

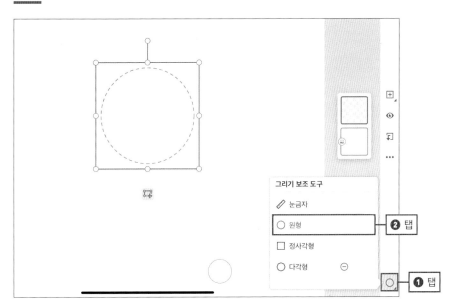

04 화면에 표시된 원의 조절점을 그림과 같이 이동합니다.

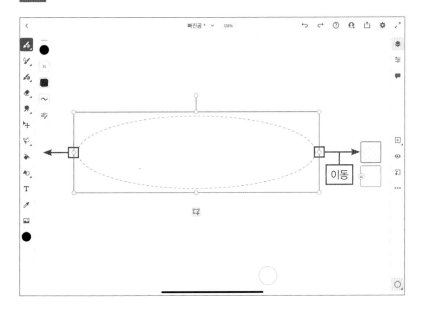

05 브러시로 원의 테두리를 따라 그리면 깔끔하게 원이 그려집니다.

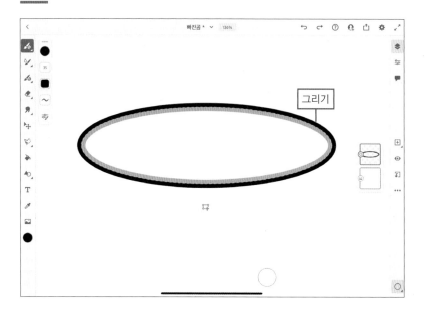

06 원 하단에 〈 ⬚ 크기 조절〉을 탭한 다음 그림과 같이 원의 크기를 조절합니다.

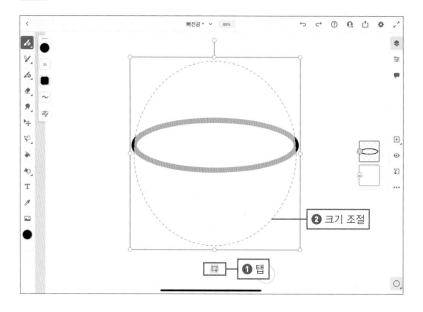

07 브러시로 원의 테두리를 따라 컵의 옆부분을 그립니다.

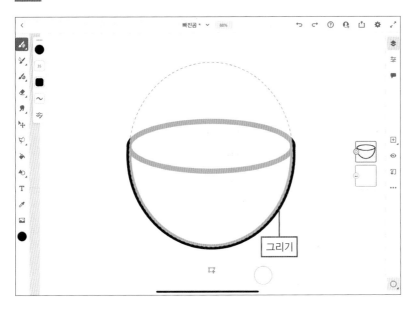

그리기

> **TIP** 원의 크기를 조절한 다음 원의 테두리를 따라 필요한 부분만 그립니다.

08 원 하단에 〈 🔲 크기 조절〉을 탭한 다음 그림과 같이 원의 크기를 조절합니다.

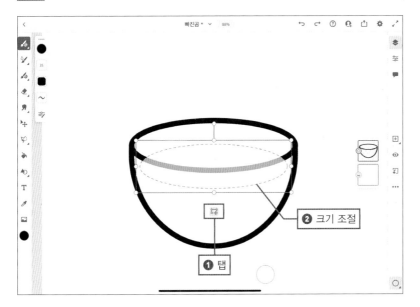

❷ 크기 조절

❶ 탭

09 브러시로 원의 테두리를 따라 컵에 들어 있는 물을 그립니다.

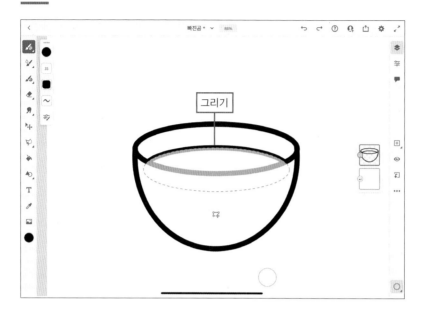

10 ⟨✏️그리기 보조 도구⟩를 탭하여 비활성화합니다.

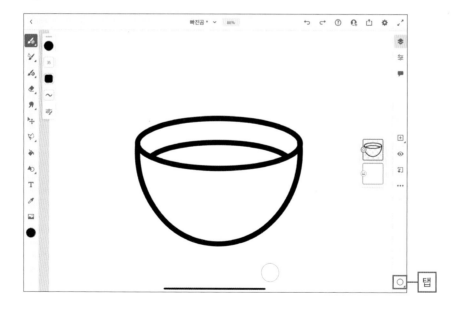

11 브러시로 컵의 왼쪽에 손잡이를 그립니다.

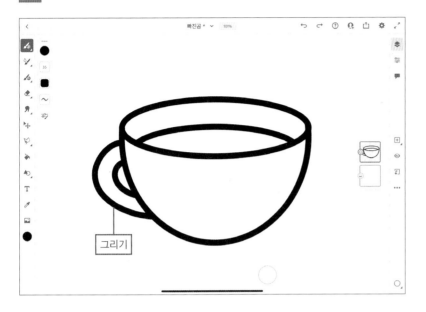

그리기

◇ 곰을 그리고 채색하기

01 〈⊡ 레이어 추가〉를 탭하여 새 레이어를 추가한 다음 곰의 발가락을 올록볼록하게 그려 줍니다.

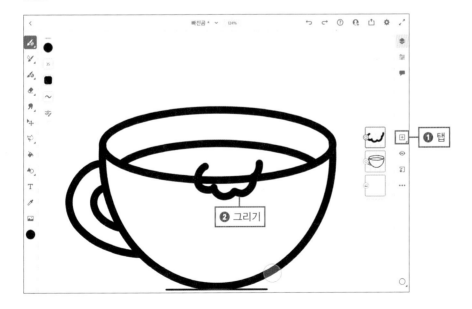

❶ 탭

❷ 그리기

02 곰의 나머지 발 부분도 그려 줍니다.

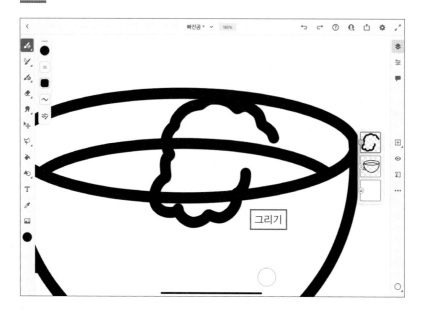

03 곰의 엉덩이와 꼬리 부분을 그려 줍니다.

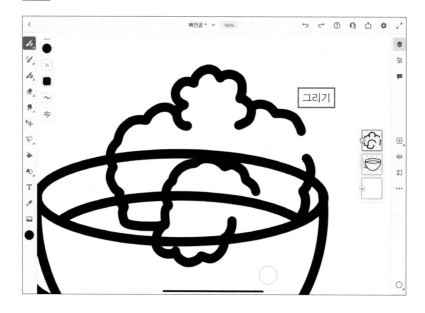

04 곰의 귀와 얼굴을 그립니다.

05 그림과 같이 곰의 팔과 눈을 그립니다.

06 컵을 그린 레이어를 선택합니다. 〈🔲지우개 도구〉를 선택한 다음 곰과 겹치는 부분을 지웁니다.

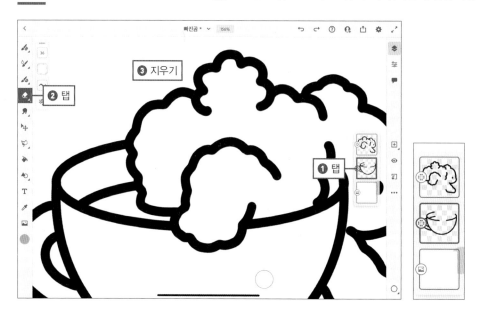

> TIP 지우개 도구 이용 시 플로우 값을 높여야 선명하게 지울 수 있습니다.

07 〈🔲레이어 추가〉를 탭하여 컵을 그린 레이어 아래에 새 레이어를 추가합니다. 〈🔲픽셀 브러시
도구〉를 선택한 다음 브러시 색상을 '주황색'으로 변경하여 곰을 채색합니다.

> TIP 채색하려는 면적에 따라 브러시 크기를 조절하면 좀 더 편리하게 채색할 수 있습니다.

08 〈□레이어 추가〉를 탭하여 컵을 그린 레이어 아래에 새 레이어를 추가합니다. 브러시 색상을 '하늘색'으로 변경한 다음 컵 안의 물과 바닥에 흘린 물을 그립니다.

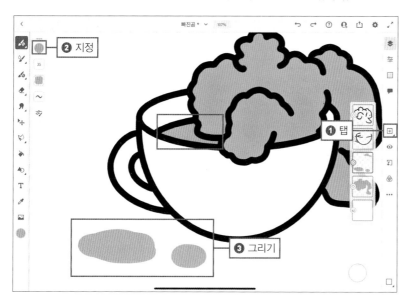

09 브러시 크기를 '70'으로 변경합니다. 컵의 옆면에 무늬를 그립니다.

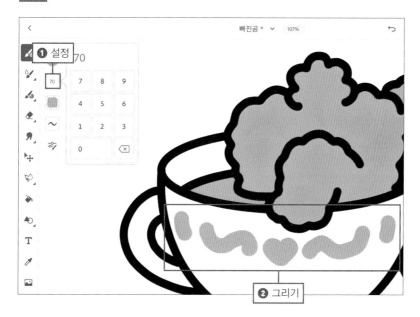

10 브러시 크기를 '65'로 변경합니다. 브러시 색상을 '갈색'으로 변경한 다음 곰의 발바닥을 그립니다.

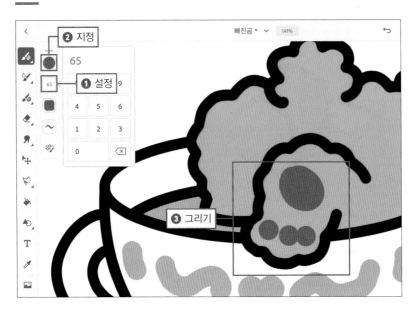

11 브러시 색상을 '검은색'으로 변경한 다음 'Oops!'를 적어 이모티콘을 완성합니다.

◈ 찾아보기 ○

ㄱ

가독성	63
가로막대	225
가운데 정렬	89
가이드선	31
강조	160
검색	231
고객 만족도	251
고품질	164
고해상도 다운로드	43
공유	184
그라데이션 마스크	38
그래프	163
그러데이션	38
그룹	294
그룹으로 만들기	55
그룹 해제하기	39, 54
그리기 보조 도구	281, 296
그림자	38, 83
글꼴	26, 177
글자색	40
글자 크기	40
기본 팔레트	40
기본 필터	214
긴 그림자	169, 199

ㄴ

나의작업	183
내 드라이브	32
내보내기	278
내 파일 업로드	45
눈누	262

ㄷ

다색 샘플러	277
다운로드	31
단색 샘플러	277
대비	128
데이터	163, 218
데이터 설정	226
데이터 입력	170
데이터 편집	163
동영상	71
뒤로 보내기	42, 107
드로잉	267
디자이너	17
디자인	17
디자인 만들기	32
디자인 문서 공개	151
디자인 불러오기 방식	47
디자인아웃소싱	30
디자인 요소	24

디자인 템플릿   19

디지털   271

떠오르기   99

ㄹ

라이브 브러시   267

레이어   31, 148, 280

레이어 마스크   281

레이어 목록   281

레이어 속성   281

레이어 숨기기   290

레이어 썸네일   281

레이어 추가   281

로고   130

리모컨   275

링크   38, 151

ㅁ

마스크   276

마케팅   140

망고보드   168

맞추기   57

매끄럽게 하기   291

맨 뒤로 보내기   62

메뉴판   152

명함   19

명함 쿠폰   130

모바일   20

모양 도구   277

무료 글꼴   262

무료   21

무료 이미지   164

미리캔버스   16

ㅂ

배경   50

배경색   59

배경 제거   190

배경 편집   50

범례   163, 228

벡터   165, 267

벡터 레이어   281

벡터 브러시   267

변환   276

보정   213

보조 단축키   278

부분 텍스트 서식 수정   217

브랜드 자산 관리   30

브러시   267

브러시 도구   273

브러시 크기   291

비슷한 요소   200

비슷한 요소 찾기   51, 80

비즈하우스   22

비트맵 267

빈티지 151

빠른 다운로드 43, 91

ㅅ

사용가이드 183

사용자갤러리 183

사용자 정의 크기 284

사진 들어가는 텍스트 207

사진 보정하기 37

사진 불러오기 35

삽화 25

상표권 26, 177

새로 만들기 270

새 페이지 추가 53

색 대비 37

색상 채우기 38

샘플 텍스트 39

선택 영역 276

설정 67

수직교차 129

수채화 267

스냅 가이드 67

스마일캣 30

스머지 브러시 도구 274

스타일 53

스톡 사진 25

스톱모션 123

스티커 19, 165

스포이트 69, 111

스포이트 도구 277

스프레드시트 170, 233

슬라이드 배경으로 설정 187, 212

슬라이드 쇼 38

슬로건 171

썸네일 18

ㅇ

아이콘 25

아이패드 300

안내선 184

애니 116

애니메이션 92

애니메이션 효과 99

앤티 앨리어스 276

앱마커 표시 220

약도 215

어도비 266

업로드 35

에디터 환경 67, 157

엑셀 170

영상 아웃트로 124

영상 인트로 112

영양성분표 229

예능 자막	92
오른쪽 맞춤	240
오른쪽 정렬	41
온라인 쇼핑몰	18
올가미 도구	275
외곽선	89
요금제	172
요소	42
용량제한	186
워드클라우드	170, 256
워크스페이스	30
워터마크	172
원본 크기	57
웹 게시	31
유튜브 공지 게시물	64
유튜브 썸네일	45
유튜브 채널 아트	58
유화	267
이동 및 변환 도구	274
이모티콘	303
이미지	164
이미지에디터에서 편집	190
이 템플릿 편집하기	198
인공 지능	169
인물 사진	24
인쇄	271
인쇄물	22
인쇄 크기	271

인스타그램	71
인터페이스	30, 183, 270
인포그래픽	163
일러스트레이터	266

ㅈ

자료 편집	163
자막	71
자막바	96
작업 공간	32
작업 화면	31
잠금	65
재생	76
재실행	275
저작권	24, 176
전체 선택	55
전체 화면 보기	278
제목 표시줄	278
제스처	279
제휴사	24
좌우 반전	83
주소 변경	219
즐겨찾기	32
지도	170
지우개 도구	274, 312

ㅊ

차트	163, 225
창업	152
채널 로고	101
채널 아트	18, 58
채우기	57
채우기 도구	277, 296
체크리스트	244
초대	278
최근 작업 내역	186
축	228
출처	26

ㅋ

카드 뉴스	221
카카오맵	215
캔버스	31
캔버스 크기	31, 65
캘리그래피	84
콘셉트	169
콘텐츠 자동 맞춤	205
크기 조절	275, 306
크로마키	100
크롬	27
클라우드	267
키워드	93, 204
키잉	100

ㅌ

터치 단축키	278
테두리	69
테마	59
테마 색상	59, 141
텍스트	39
텍스트 도구	277
텍스트 상자	285
텍스트 스타일	53, 73
텍스트 입력	39
템플릿	17
템플릿 불러오기	46
템플릿 사이즈로 변경하기	47
투명도	86
투명도 유지	277
투명 자막	84
투명한 배경	91
툴바	272
트렌드	44
특수 문자	60
틱톡	71

ㅍ

파일 업로드	188
파일 형식	22
패턴	51
페이지 삭제	56

페이지 재생 시간	123
페인팅	267
편집 영역만 보기	157
편집하기	186
포스터	144
포토샵	266
표	170
프레스코	266
프레젠테이션	18
프로모션	156
플랫티콘	165
피드백	30
픽사베이	164
픽셀	267
픽셀 레이어	281
픽셀 브러시	267
픽셀즈	164
필터	37, 201

ㅎ

하이라이트	299
하이퍼링크	38, 260
행사 포스터	156, 203
현수막	197
홍보 게시물	140
회원가입하기	27, 179
흑백	213